JN304179

気分爽快
加賀の25山・25湯

中高年も女子も楽しいコースガイド

まえがき

この本は、北國月刊アクタスの連載「ほくりく日帰り山歩き」から、加賀の25山を選んで掲載したものです。もとより「初心者にもおすすめ」に軸足を置いて、中高年の方々でも肩の力を抜いて歩ける山の紹介をという連載スタート時の初心を忘れないようにしました。とはいえ、初心者向けの山というのが別個にあるわけではありません。そこで目安としたのは、登山道や案内標識が整備されていること、歩行時間が片道2時間半くらいまで、危険な箇所が原則としてないことです。もちろんこれも、主観の範囲を出ない基準ですので、出かけてみて「物足りなかった」というご意見もあれば「きつかった」という方もおられると思います。

山は誰かに強要されて出かけるものではありませんし、何時間で歩かなくてはならないという決まりもありません。心温まる小さな山から達成感や自信につながる大きな山まで、北陸には魅力的な山が身近にたくさんあります。ガイドブックはあくまでも参考で、基本は、自分の意思と責任で出かけるということだと思います。

さて、これまで中高年の人気を集めた山が、今変わろうとしています。山ガール、山ボーイと呼ばれる若者たちは、常備薬を片手に山を歩く私たち中高年登山者を大いに元気づけてくれています。ただ、山ガール、山ボーイの多くが、高度成長期の第一次登山ブーム同様、ブランドの山に集中しているのも事実のようです。この本が、そんな若い人たちに、地味だけど心温まる山歩きの楽しみを知ってもらえる一助になれば幸いです。

2012年春

著者

adidas

Contents

気分爽快 加賀の25山・25湯

西山
上棚矢駄
能登有料道路
灘浦
2012年3月25日開通予定
柳田
千里浜
氷見北
氷見
今浜
米出
高岡北
能越自動車道
高岡
白尾
小杉
福岡
小矢部東
小矢部
砺波
金沢東
金沢西
小矢部砺波Jct
福光
東海北陸自動車道
美川
小松
五箇山
富山県
片山津
北陸自動車道
加賀
白川郷
金津
丸岡
飛騨清見
福井北
岐阜県
福井
荘川

加賀の山旅マップ

YAMATABI MAP

1. 白山 2702.2m
2. 大門山 1571.6m
3. 三方岩岳 1736m
4. 鳴谷山 1596.6m
5. 小大日山 1198.4m
6. 大嵐山 1204m
7. 鈴ケ岳 1174.7m
8. 鷲走ケ岳 1096.6m
9. 大倉山 1004.6m
10. 奥獅子吼山 928.1m
11. 西山 857m
12. 医王山 896m
13. 前高尾山 763.1m
14. 獅子吼高原・月惜山 734.4m
15. 動山 604m
16. 倉ケ岳 565m
17. 戸室山 547.8m
18. 奥城山 515m
19. 鷹落山 494.4m
20. 観音山(遣水観音山) 402.3m
21. 水無山 348.5m
22. 鞍掛山 477.7m
23. 岩倉観音山 296m
24. 岳山(粟津岳山) 169m
25. 大聖寺川支流・千束川

安全で楽しい山歩きのために

初めての山歩きは、ワクワクしながらも不安なものです。どんな服装でどんなものを持って行けばいいのだろう、最後まで歩けるだろうか、クマに遭うことはないだろうか、何かあったらどうしようなど、心配も多いと思います。そこで、初心者のための参考までに、無雪期の安全な山歩きについて考えてみました。

服装・靴・持ち物

《下着》

水切れがよく保温性のある化繊の下着を着用して下さい。木綿の下着は汗をかいたあと冷えるので、山歩きには向いていません。季節により、長袖、半袖を使い分けます。靴下も同様で、少し厚手のものを履きます。

《上着》

下着同様、化繊のカッターシャツや長袖シャツ、伸縮性がある化繊のズボン、フリースの上着やスキータイツなどを着用します。いずれも、体を冷やさないことが大切です。

《靴》

坂道などで滑りにくい、靴底が山歩き用になっているものがおすすめです。めざす山により、沢山種類がありますので、山道具屋さんに相談しましょう。

《ザック》

日帰り、あるいは山小屋泊まりなら、30リットルで間に合います。

《持ち物》

雨具とヘッドランプ、地図とコンパスは、必ず持つ習慣にしましょう。雨具は、天候の急変はもちろん保温にもあるていど役に立ちます。少々高価でも、ムレなくて

撥水性の高いものがおすすめです。
　食べ物は少し多目に持ちましょう。満腹感があって力の源になる炭水化物（オニギリなど）、短時間で元気になる甘いもの（アンパンやバナナ、チョコレートなど）を併せ持つと良いと思います。飲み物は、さっぱりしたものと甘いものを持つと良いでしょう。盛夏の日帰り山歩きの場合、併せて1リットル以上必要です。早春や晩秋はテルモスに暖かい飲み物を入れて持つと良いでしょう。いずれも、少し多目に持つことをおすすめします。
　その他、帽子、汗拭き用のタオル、薄手の手袋、万一の時のためにバンドエイド、テーピングテープ、ナイフ、ライターなどを忍ばせておくと良いでしょう。ストックについては、急坂でバランスをとったり、マムシよけにも使えますので、1本持つと便利です。2本を器用に使う人たちも増えているようですが、じゃまになることもあります。

《レスキューシート》

　安価なアルミ製のシートが流行していますが、小さいビニールシートでもOKです。万一の時に威力を発揮します。

《携帯電話》

　緊急連絡用として、携帯電話が使われることが多いようです。電波が届く範囲ではありますが、GPS（衛星利用測位システム）機能がついたものは、万一救助要請をする場合、自分がいるところの緯度、経度がわかり、道迷いの修正をする上でも救助を要請する上でもとても便利です。

計画書づくり

　山岳会に入っている人の場合、計画書の作成と会への提出は当たり前になっています。これは万一捜索する場合にとても役立ちます。山岳会に入っていない場合でも、計画書の作成と、家族や知人にそれを渡しておくことは大切です。計画書の内容は、日程、山域、コースとおおまかな予定、持ち物、装備が、たとえ簡単にでも記されていれば、万一の場合素早い救助活動ができます。（登山届けについては、登山口にボックスなどがない場合もあります）

好天の日に出かけよう

　天気予報に注意して、好天優先で出かけるようにしましょう。「ひどい目にあった」という場合

の多くが、休み優先の方々に見られます。せっかく計画したのだから、やっととれた休みだから、というのは人間の都合で、自然はそれに合わせてはくれません。

山歩きの基本

平地と違って、登ったり下ったりして疲れるのが山歩きです。疲れないためには、ゆっくりした一定のペースで歩くこと、歩幅を小さくすること、段差の大きなところはなるべく避けて、遠回りでも楽なところを歩くことです。休憩は、50分歩いて10分休むというのが一般的ですが、30分歩いて5分休憩という人もいます。あまり汗をかかないペース、仲間と会話ができるくらいのペースで歩いてはどうでしょうか。

行動食をこまめにとることも大切です。突然力がはいらなくなる原因の多くは空腹です。休憩ごとにこまめに食べ物をとりましょう。

登山道が崩れていたり岩場、クサリ場など危険箇所を通過する場合は、ムリだと感じたら迂回するか引き返すことです。

単独はやめましょう

初めて山に出かける場合、慣れた人といっしょに出かけましょう。単独は気楽ですが、自分に何かあった場合、不便です。人気の山なら、通りがかりの人に力を借りることができますが、地味な山となると、誰にも会わない方が多いものです。

地図、コンパスの使い方

地図は、ハイキングマップと国土地理院の2万5千分の1地形図を併用すると便利です。最近ではパソコンを利用して、地形図、コースの高低差や斜度、一帯の立体図まで出せますので、国土地理院の地形図を買う人は少なくなっているようですが。地図、コンパスの使

い方については、本や山岳会主催の講習会などに参加して、習熟しておきましょう。

持病対策

中高年になると、みんな何かしらの持病を抱えています。中でも危険なのは心臓疾患を抱えた方の場合です。対策が特にあるわけではありませんが、強いて言えば、負担をかけないようのんびりペースを心がけることでしょうか。

クマ、マムシなどの対策

山の中には、多くの生きものが暮らしています。景観を楽しみながら、一方でいつも周囲に注意を払うことが大切です。

●クマ対策は、クマよけの鈴を鳴らしながら歩き、クマに人間の居場所を常に知らせることです。ただし、子熊を見かけたら、その場から遠ざかることです。子供を持つ母熊は過敏になっていますから。

●マムシは、雨後に甲羅干しで登山道などに出てきます。山域によって、多いところと少ないところがありますが、足元に目配りしながら歩き、寝そべっていたらストックなどで追い払うことです。また、休憩場所や木の枝、岩などに手をかける場合も、注意しましょう。熱に反応するので、いきなり噛《か》みつかれる場合があります。マムシなど毒蛇に噛まれたら、傷口をすぐ水洗いして（口で毒を吸い出す場合は注意して）、傷口の上部を縛って毒が回らないようにして、すぐに下山して医者に向かうことです。

●ヤマビルは、道々の草木にいて、通る人間の熱に反応して吸い付きます。ヒルのいるところでは、襟首まわりや袖口など、仲間とこまめに点検しながら歩きます。吸い付かれると出血がすぐには止まらないので、バンドエイドで押さえるしかありません。ヒルはナメクジ同様塩に弱い生き物なので、ヒルの山に出かけるときは、食卓塩をポ

ケットに入れておき、振り掛けるとすぐ死滅します。

●アブ、オロロ、ヌカカなど吸血性の生きものには、虫除けスプレーなどで対応するしかありません。

万一の場合の対応

事故原因で多いのは、道迷いと、それに起因した滑落などだそうです。事故が起きたら、状況を確認し、無理をせずにいち早く救助要請をすることです。事故現場をGPSなどで特定し、電波の届くところから携帯電話で要請します。状況によりヘリによる救助が行われます。

道に迷ったと気づいたら、元に戻って地図とコンパスを出して確認するのが最善です。往路と復路が同じの場合、迷いやすそうなところに赤布など目印をつけておくことも良い方法です。

ケガはしていないものの、道に迷って夜になってしまった場合は、雨露をしのぎやすい場所に移動し、しっかり食事をとってレスキューシートあるいはツェルトをかぶって明るくなるまで動かないことです。焚《た》き火ができるところでは、枯れ木などを集めて焚き火で暖をとって寒さをしのぎましょう。

山の簡単料理

テント泊の夕飯は別にして、昼間はオニギリやパンなどで済ませることが多い山歩き。それでも昼食時に暖かいものが一品あると、心が温まります。時間があるときなどは、ナベやフライパンを担いで、トン汁、煮込みうどん、焼肉と、なんでも有りで、自宅から調理済みの材料を持って行って楽しみます。ただ、ほとんどは、ラーメンとか味噌汁が一品つくだけで満足しています。インスタント、レトルト食品が沢山ありますので、湯を沸かせばおいしいものが簡単に出来る時代です。携帯用のガスコンロとコッヘル、そして水があればOKです。

ツアー登山について

北海道トムラウシ山での「大事故」以後も、ツアー登山の人気は高いようです。賛否は控えますが、地域の山岳会などに加入して、心許せる山仲間たちと、安く、楽しく、安全な山歩きをされることをおすすめします。

本書の使い方

●掲載したデータは原則として2012年2月20日現在のものです。その後、変更になっている場合もありますので、施設利用料金や営業時間などは事前に確認してください。

●収録した山それぞれの2ページ目におすすめの季節、アクセス、登山時の注意点などのアドバイス、問い合わせ先などの情報が掲載してあります。

●参考コースタイムは標準的な所要時間（休憩時間は含みません）ですが、気象条件、登山経験、体力などによって変わることを念頭において計画してください。

地図凡例

今回のコース	河川
登山道	線路
一般道	リフト
稜線	▲ 山頂（数字は標高を表します）
	絶景ポイント

※それぞれの山の説明につけた地図は、国土地理院発行の２万５千分の1地形図に基づいて作成しました。

1 白山《はくさん》

標高 2702.2m

参考コースの所要時間
1泊2日

たくさんの花が出迎え
ご来光に思わず万歳

絶景を
楽しみながら
頂上を目指す

（1日目）

市ノ瀬ビジターセンター前からバスで人気の登山口・別当出合へと向かう。車内は満員。「あれ、アクタスの小川さんじゃない」と小声で話すご夫婦。白山は初めてという小川明日美さんは、この日に向けて朝晩ウォーキングを欠かさなかったと言う。

吊り橋から砂防新道へ

別当谷に架かる吊《つ》り橋を渡ると砂防新道の始まりだ。すぐにブナの巨木に包まれた岩混じりの道にさしかかる。そこから少し高度を稼ぐと中飯場に出る。トイレと水場があって、最初の休憩にちょうどいいところだ。そこへやってきたのは小学生と中学生の大グループ。「こんにちはーっ」の元気な挨拶に、中高年グループの視線が一斉にこの子どもたちに向けられる。

ひと上りしたところで男性が大型ビデオカメラを手に下ってき

参考コース スタート **別当出合(登山口)** ▶50分▶ **中飯場** ▶2時間▶ **甚ノ助小屋** ▶1時間20分▶ **黒ボコ岩** ▶50分▶ **室堂** ▶1時間▶ **御前峰(山頂)** ▶20分▶ **翠ケ池** ▶50分▶ **室堂** ▶1時間50分▶ **甚ノ助小屋** ▶2時間10分▶ **別当出合(登山口)**

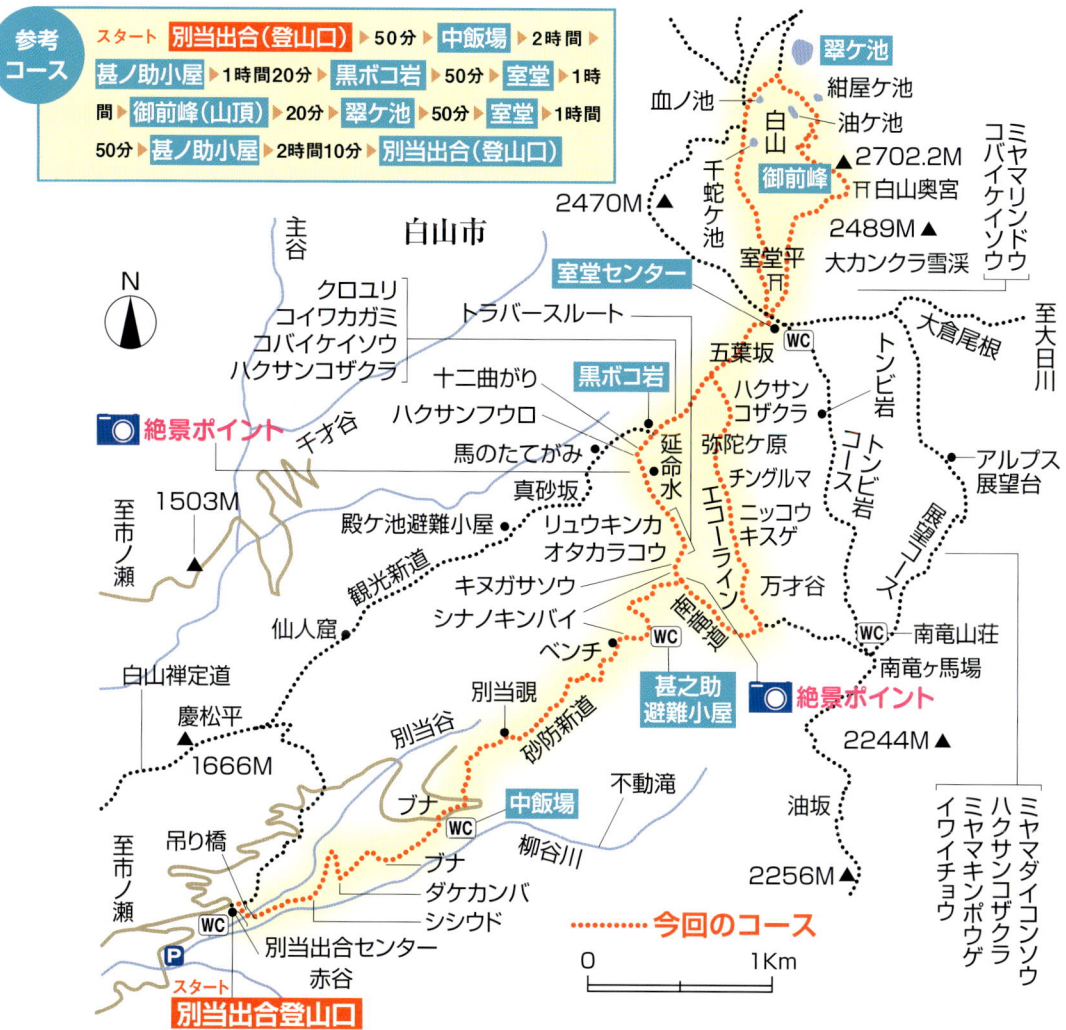

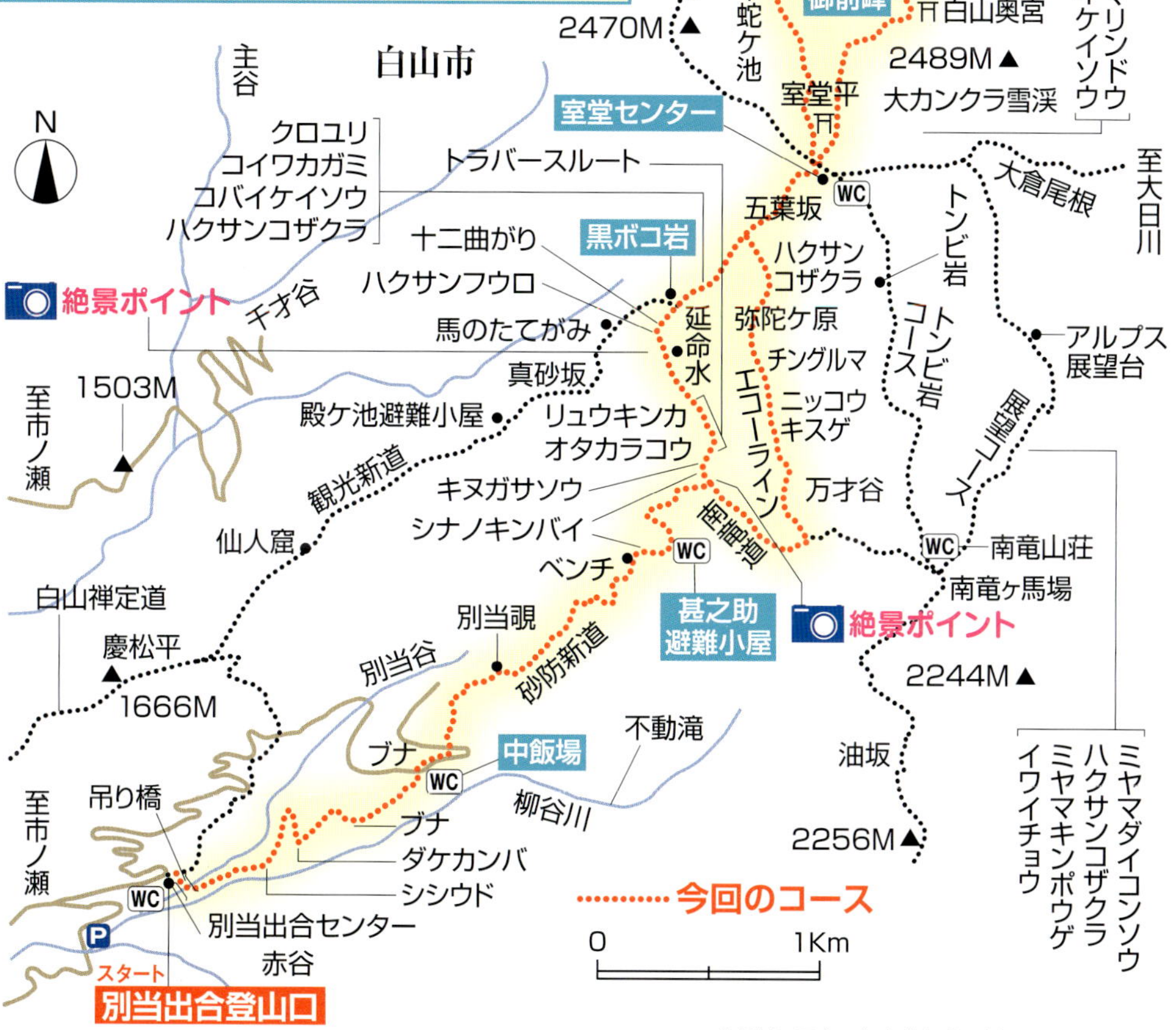

■おすすめの季節

登山道の雪がなくなる6月末から10月末まで楽しめる。お花畑の最盛期は梅雨明けから8月半ばまで、紅葉は9月半ばから10月半ばが見頃。

■アクセス

国道157号線で白峰に向かい、白峰の交差点から主要地方道33号線(白山公園線)で市ノ瀬を経由して登山口がある別当出合へ。

■アドバイス

白山公園線は、夏場は交通規制があるので、インターネットで調べてから出かけよう。規制がある日時は、市ノ瀬、別当出合間はバス利用となる。その場合は、バスの最終時刻の確認を。トイレ、水場は市ノ瀬、別当出合、中飯場、甚ノ助小屋にある。大きな山が初めての場合は、出発を早めて、写真などを撮りながらゆっくりしたペースで歩くことをおすすめ。

■お問い合わせ

石川県白山自然保護センター ☎076-255-5321
●国土地理院地形図 2万5千分の1「白山」「加賀市ノ瀬」

ハクサンフウロも白山ならでは

石川県の郷土の花であるクロユリ

御来光にみんなで万歳です

た。「あ、こんにちは」と挨拶する山岸カメラマン。映像の仕事をしていた時の先輩だと言う。その先の道幅が広くなったところで、年輩グループが休憩をしている。さらにひと頑張りすると道が緩やかになり、間もなく開けたところにさしかかる。甚《じん》ノ助《すけ》小屋のすぐ手前でベンチも置かれている。「甚ノ助は一杯だと思いますよ」と、写真だけを撮影した。

そこからほんのひと歩き。ガヤガヤと人の話し声が聞こえてきたら小屋の前に出た。休憩をとっているのは60人ほど。予想した通り座る場所もほとんどない混み具合だ。

ここはやりすごして、次の区切り点である南竜ケ馬場《みなみりゅうがばんば》との分岐へと歩き出す。分岐からは別山をはじめ白山山系の山々が一望できる。

たくさんの花に迎えられ

「花の白山」はここから始まる。最初は遠慮がちに、キヌガサソウ、シナノキンバイ。少し進むとミヤマダイモンジソウ、カニコウモリなどが顔を出す。続いて右手斜面にオタカラコウ、ニッコウキスゲが現れ、沢の斜面にリュウキンカの群落が見え、ピンクのハクサンフウロやタカネナデシコも迎えてくれる。

「延命水、ほとんど出ていませんよ」と、延命水の２００メートルほど手前で、白山のベテランらしい2人の登山客からパイプから出ている水をすすめられた。さっそく口に含んで「冷たーい、ここ隠れ延命水にしましょう」と命名する小川さん。喉《のど》を潤しながら黒ボコ岩を見上げる。距離はほんのわずかだが、その間は「十二曲がり」と呼ばれる急な坂になっている。「では」と引き続きスローペースで上り出す。延命水にさしかかったら、弥陀ヶ原の玄関・黒ボコ岩まではほんのひと上りだ。山岸カメラマンの動作がキビキビし始める。核心部に入ったからだろうか、いや、カンパイが目前に迫ってコーフンしているのだろう。小川さんにあれこれ注文をつけて、シャッターを切りまくっている。ハクサンフウロ、コイワカガミが咲く広々とした弥陀ケ原一帯。そこに続く木道の左手には、予想以上の雪渓が残っている。

小川さんのファンとも交流

石積みされた五葉坂を登りきると、室堂センターに到着だ。時間は3時過ぎ、山岸カメラマンの喉はもう限界のようだ。「では、焼肉でカンパイとしましょう」「えっ、焼肉があるんですか」と、さっそくテーブルの一角に陣取ってコンロを出す。「まず軟骨から行きましょう」とフライパンに放り込み煙が出始めたところへ、「あのう、アクタスの小川さんですか」と若い女性がやってきた。小川さんのファンで、小川さんのブログも見ていると言う。そこへ「うわあーっ、匂《にお》いだけ嗅《か》がせて」と5人連れグループがやってきて相席に。東京から来た方々で、同じ飲み屋に通う間柄だと言う。「少しですがどうぞ」と焼きたての肉を差し出すと、「これ食べてみて下さい」と、手づくりの肴《さかな》が次々と差し出される。「おいしいーっ」「これいけますね」とやっているすぐ隣のテーブルから「美味そうですね」と声がかかる。福井県永平寺町の上志比小学校と中学校の合同登山隊で、あの元気な児童、生徒たち82人を引率してきたＰＴＡの方々と先生9人のグループだ。先生が弾くギターに合わせて昭和のヒット曲の大合唱が始まると、ＰＴＡ会長、教頭先生、そして校長先生までやってきて、神聖な祈祷殿《きとうでん》前で大騒ぎの宴会に発展。この大交流は「先生、夕食時間なんですけどー」と生徒たちが迎えに来るまで延々と続いた。

（2日目）

翌朝の午前4時、「お日の出」の合図の太鼓が鳴り響いた。祈祷殿の神官が、御来光が拝めるかどうかを決めて太鼓を鳴らすのは長年のカン。カメラを手に渋々外に出る山岸カメラマン。小川さんはもう身支度を整えて待っている。相棒は前夜盛り上がり過ぎて二日酔い。その相棒を置いて山頂へと向かう。

オレンジ色の雲海

山頂には３００人近い人が日の出を待っている。1番高い大岩の上に立って、白山の恵みを力強く説いているのは白山比咩神社の禰宜《ねぎ》・大森龍一郎さん。オレンジ色に染まる雲海の上に浮かんで見えるのは右から御嶽山《おんたけさん》、乗鞍岳《のりくらだけ》、そして槍ヶ岳《やりがだけ》へと続く飛騨山脈の山々。5時6分、「それでは出たようでございます。万歳を三唱いたしましょう」との大森さんの音頭にあわせて、ご来光に向かって万歳をする人たちの目がキラキラ輝いていた。

奥宮での朝の祈祷が終わると、杯が回され神酒がふるまわれる。小川さんが杯を手に前に出ると「あ、いつもアクタスで拝見しています」とニコニコしながら御神酒をつぐ若い神職。「ありがとうございます」と、グイッとひと飲みしたら、お池めぐりに出発だ。剣ケ峰のすぐそばに白い雪渓を残して青く広がる紺屋ケ池、その隣には大汝峰。岩礫《がんれき》帯をジグザグと下り、油ケ池《あぶらがいけ》と紺《こん》屋《や》ケ池《がいけ》の間を抜けて、翠ケ池《みどりがいけ》の畔からぐるりと左へ回ると、雪渓でびっしり覆われた千蛇ケ池《せんじゃがいけ》に出る。

お池めぐりはここからさらに大きく下って回りこむのだが、我々はラジオ体操に参加しようと近道を辿《たど》る。室堂の赤い屋根が見えてきたところで「間に合いますかね」と言いながら、クロユリを

ハクサンコザクラも咲き乱れています

清楚なキヌガサソウ

鮮やかなシナノキンバイ

チングルマもたくさん咲いています

「大」の字に見えるミヤマダイモンジソウ

大きなニッコウキスゲも見つけました

かわいいミヤマリンドウの花

見つけてシャッターを切る山岸カメラマン。そうこうしているうちに第2体操が始まる。「第3体操があれば間に合いますねえ」と言いながら、のんびりとハクサンコザクラの群落にレンズを向けている。

室堂に下りたところで、白山夏山診療所を訪ねた。白山観光協会から委託を受け、金沢大学医学部の学生さんが中心になり、山好きのOBたちが交代で駆けつけ協力している登山者のための診療所だ。居合わせた内藤暢茂《のぶしげ》さん（6年生）に白山登山で気をつける点をお聞きしているところへ、大阪府から駆けつけたOBの前川誠先生（75歳）がやってきた。「後期高齢者です。ワッハッハ」と前置きしながら、無理をしすぎてのバテ、脱水症状、それから類高山病（高山病に似た症状）が多いと説明してくれる。「寝不足、団体行動でペースを崩すこと、飲みすぎに気をつけて」と前川先生。

エコーラインを下ります

下りはエコーラインで

朝食をすませたら、あとはのんびり下るだけだ。人気のエコーラインに続く広い木道は、いつ歩いても気分がいい。コバイケイソウ、イワイチョウ、シナノオトギリ…。ミヤマリンドウも草むらに埋もれるように咲いている。チングルマが一面を被っているところで、山岸カメラマンが最後のシャッターを切る。

中飯場のすぐ近くまで下り小休止しているところへ、六角の金剛杖をつきながら「こんにちは」と上ってきたのは、小松みなみ診療所の帯刀《たいとう》裕之先生。毎年白山診療所に駆けつけている金大OBの1人で、日頃お世話になっている先生だ。杖を見た山岸カメラマンが「何か一杯書かれていますね」と訪ねると、「山を歩いてると、いろいろ浮かんできませんか。それを書くんですよ」と帯刀先生。夏の白山は、大勢のハイカーたちの心が癒やされる交流の山だ。

白山診療所のお医者さんたちとも記念撮影

おすすめの湯

白山里温泉

白山市の瀬波川沿いにある白山里《はくさんり》温泉は、旧吉野谷村や地元瀬波の方々、そして県内の企業が出資してつくられた研修交流の場で宿泊施設つき温泉です。湯は透明で、白山麓《ろく》特有のヌルッとしていて肌がスベスベする、温泉好きにはたまらない感触。さらに素晴らしいのは、湯船のまわりが大きな一枚ガラスで囲われていて、瀬波川や樹林帯の広がりが眺められることです。驚いたのはもうひとつ。脱衣所に冷房がしっかり効いていて、湯から出たあと吹き出す、あのいやな汗を全くかかないように気配りされていることです。白山登山の帰りに立ち寄る通好みの温泉です。

白山市瀬波子51-5　☎076-255-5998
営業時間●8時～22時
定休日●第2・4木曜
料金●大人380円、小学生以下200円
5歳未満無料

2 大門山《だいもんざん》

標高 1571.6m

参考コースの所要時間
約2時間50分

ブナの
腐葉土に
覆われ
歩きやすい

白山山系北端の「加賀富士」
ブナの原生林に自然を満喫

大門山《だいもんざん》は、金沢平野から眺めると富士山に似ているので「加賀富士」とも呼ばれている。白山国立公園の北の端にあって、赤摩木《あかまっ》古山《こやま》、見越山《みこしやま》、奈良岳《ならだけ》、そして大《おお》笠山《がさやま》へと続いているこの山がずっと気になっていた。登り2時間足らず、ちょうどいい具合だぞと下調べを入念に行う。

大門山の登山口

参考コース スタート ブナオ峠 ▶1時間20分▶ 大門山・赤摩木古分岐 ▶20分▶ 大門山 ▶10分▶ 大門山・赤摩木古分岐 ▶60分▶ ブナオ峠

秋晴れの日に出発だ。南砺市福光から小矢部川沿いに続く道は、通行不可能ということで、五《ご》箇山《かやま》インターへと車を飛ばし、南砺市上平《かみたいら》から庄川《しょうがわ》の支流・草谷《くさたに》沿いに延びる道をブナオ峠へと向かった。

ブナの原生林の中を進む

いきなりブナの原生林に包まれる。それも半端じゃない。南砺市上平そのものがブナの中にあるのだから、驚くことはないのだけど……。

狭いS字カーブを対向車に注意しながら高度をグングン稼ぐと、標高970メートルのブナオ峠にさしかかる。一帯は五箇山刀利《とうり》自然休養地になっていて、うっそうとしたブナ林となる。駐車場には石川ナンバーの車が1台。準備を整えた60がらみの男性が先行する。

もちろん、歩き始めてすぐにブナ漬《づ》けだ。登山道は粘土質だが、落葉ブナの腐葉土《ふようど》に覆われているので、とても歩きやすい。

最初のぬかるみを渡ってしばらく進むと、右手前方にブナの巨木

■おすすめの季節

ブナ林が見事なので、雪解け後、5〜6月の新緑の季節、紅葉の秋がいい。

■アクセス

金沢市街から北陸道を経て東海北陸五箇山IC下車、国道156号を白川方面へ向かって少し行き、庄川を渡ると左手にガソリンスタンドがある。その向かいの主要地方道54号線を登山口のあるブナオ峠まで向かう。

■アドバイス

ブナオ峠までの林道は、金沢の湯涌側からも道があるが、通行止めとなっているので富山県側から入るしかない。ぬかるみが所々にあるので、足回りの装備はしっかりと。マムシよけに、スキーストックなどを持つと安心。

■お問い合わせ

南砺市役所産業経済部林政課
☎0763-23-2033
●国土地理院地形図
2万5千分の1
「西赤尾」

オオカニコウモリ

チシマザサの茂みを抜ければ目指す山頂だ

ブナ林を抜け木道を渡る

が2本。そして、すぐに丸太の階段が現れる。さらに歩くと再び丸太の階段。ここは長く急な上りで、段差が大きくて骨が折れる。

いち早く秋の気配

登りきったところから、道はゆるやかになり、秋の気配をいち早く察知したオオカメノキの赤い実と、夏の名残を惜しむノリウツギの白い花が交互に出迎えてくれる。足元には黄色いアキノキリンソウも咲いている。オオカニコウモリの白い花は、夏バテ気味だ。花はないだろうと思っていたが、けっこうある。

1時間ほど登ると、1246メートルのピークに出た。傾斜が緩くなったところで小休止。背丈が低く、色も半透明に近い薄紫のツリガネソウに出合う。最後の丸太の急階段を上ったら、行く手に黒マムシが1匹。ホレホレッと追い払ったところへ仲間が登ってきて、「キャーッ」と悲鳴をあげる。

ソバナ

ノリウツギ

オオカメノキ

大門山の近景

大門山と赤摩木古山の分岐

「えっ」と思って、足元を見ると、もう1匹の丸まると太った赤マムシがノソノソと草むらに退散している。「今、踏んでましたよ」。どうやら私に踏ん付けられて、渋々逃げ出したようだ。そういえば近くの大笠山に登ったときも、太った黒マムシに6匹出合ったことを思い出して大笑い。尾根歩きボケで、マムシよけのストックもしばらく持たずに山歩きをしている自分が、恥ずかしくなった。

大門山と赤摩木古山の分岐はそこからすぐのところにある。ちょっと開けたところにベンチが三つあって、大休止にちょうどいい。ニギリメシにメロンパンにナシ、そしてイカ燻《くん》と、アンバランスな食料が次々とザックから出てくる。一服したところで山頂へ向かう。この日何度目かのぬかるみを渡ったところで、急登《きゅうとう》に入る。足元にはリンドウが一輪。分岐を振り返りながらグイグイと2度ばかり急傾斜を上ると、チシマザサをかきわけた

雪の重みで大きく曲がったブナ

先に大門山の山頂が現れた。

山頂の石の上でシャッター

広い山頂は潅木《かんぼく》に囲まれていて、どこも見渡せない。そんな山頂を訪れるハイカーたちの苦心策だろう、大きな石が二つ積まれている。その不安定な石の上に乗ってシャッターを切る。

分岐に引き返して、再び大休止。そこへ先行していた男性が赤摩木古山の方から戻ってきて「きょうは見晴らしよくないですね」と立ち話をして下って行った。

ブナオ峠に下りたところで、南砺市上平にある世界遺産の菅沼《すがぬま》合掌造《がっしょうづく》り集落に立ち寄ることにした。もちろん目的は、文化遺産の合掌造り訪問とか塩硝《えんしょう》作りの跡を眺めるためではなく、その一角で売られている食文化遺産の五《ご》平餅《へいもち》である。秘伝の甘味噌ダレをまぶして焼かれた五平餅にかぶりついたところで、そばにある「くろば温泉」の露天風呂で庄川の眺めを堪能《たんのう》した。

くろば温泉

頂上に到着

下山後、世界遺産に登録されている合掌造り集落を散策

おすすめの湯

くろば温泉

「くろば温泉」は、世界遺産・菅沼合掌造り集落にほど近い、庄川の河畔に建つ。対岸の山並みと深緑の川面を眺めながらの露天風呂は風情たっぷりで、特に紅葉の季節がおすすめだ。

温泉はやや白みがかったナトリウム・カルシウム−硫酸塩・塩化物泉で、神経痛や慢性消化器病、疲労回復などに効果がある。

リラックスルームや展望テラスで火照った体を冷やし、そのあとレストランでたっぷり五箇山料理を味わいたい。山菜や五箇山豆腐、イワナなど、素朴な味覚がそろっている。

富山県南砺市上平細島1098
✆0763-67-3741
営業時間●10:00〜21:00
（21時閉館）
定休日●火曜（祝日の場合は翌日）
料金●大人600円、小・中学生300円

3 三《さん》方《ぽう》岩《いわ》岳《だけ》

標高 1736m

参考コースの所要時間
約1時間5分

白山スーパー林道で一直線
紅葉の山々を一望

紅葉のシーズンを迎え木々が色づき始める

紅葉といえば何といっても白山スーパー林道。そして白山から岐阜との県境に連なる北方の尾根が一望できる三方岩岳ということになる。そこで、ちょっと早いかなと思ったが、10月上旬にスーパー林道を通って三方岩岳へ出掛けた。北に向かって越中岩、西へ加賀岩、東へ飛騨《ひだ》岩と、三つの方向に大岩壁がせり出している奥地の山だ。

「登山口から40分ほどで山頂だから、早めに引き返して、ちょっと白川郷の合掌造りでも見物して」と、ハンドル片手に後ろの仲間を振り返ると「いいですね。それいきましょう」となる。

白山スーパー林道から登る

落差が86メートルという「ふくべの大滝」を過ぎると車はどんどん高度を稼ぎ始める。穂が出始めたばかりのススキ、咲き始めの萩《はぎ》の花と秋の気配はするのだけ

参考コース　スタート 三方岩駐車場 ▶40分▶ 三方岩岳 ▶25分▶ 三方岩駐車場

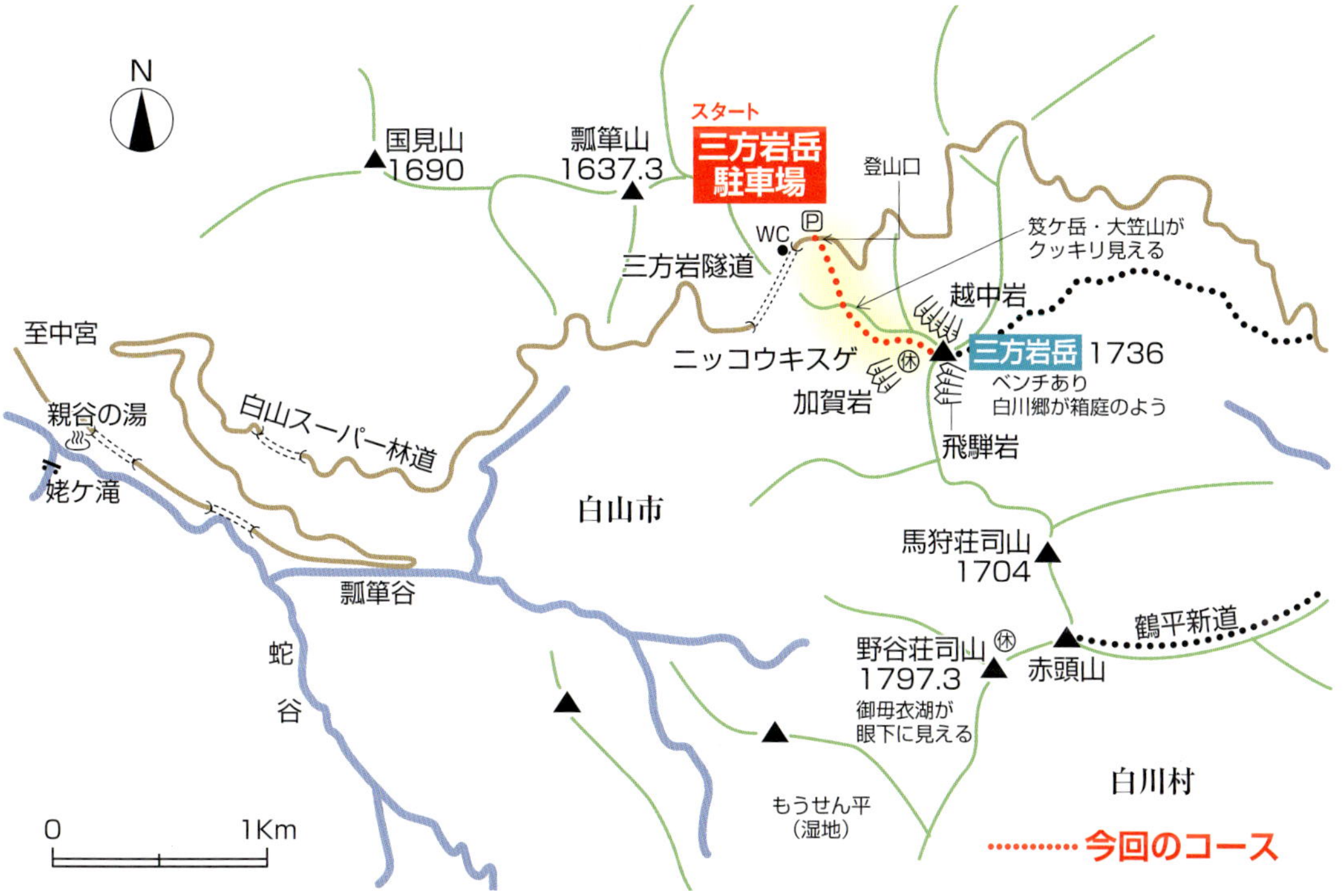

れど、紅葉の気配は今ひとつ。加賀岩を眺めながらカーブを曲がり、登り切ったところで三方岩隧道《ずいどう》に入る。トンネルのちょうど真ん中が岐阜との県境になっていて、登山口はトンネルを抜けたすぐ右手の旧駐車場脇、標高は1445メートルなのだ。

歩きだして間もなくダケカンバの巨木群が現れる。ヒメコマツに迎えられたところで、以前からある倒木のトンネルにさしかかる。「これはヒロハゴマギ」ですねと赤い実をつけた潅木《かんぼく》を指さしていると、そのすぐ後ろの倒木の上にリスが現れた。「オッオッ」と小声で指さすが、仲間の目に触れる前に、リスはさっさとヒメコマツの中に走り去る。

「これはオオシラビソですね」、などと知ったかぶりしながら進むと、樹木の根元に学名を書いた札が現れた。「オオカメノキ」とある。つい今しがた「ヒロハゴマギ」だと説明した木のことだ。白状すると、ヒロハゴマギとオオカメノキとガマ

■おすすめの季節

なんといっても紅葉の時季が一番。年によって紅葉の最盛期が微妙に変わるので、白山スーパー林道の紅葉の情報に注意すること。ただし、最盛期の車の混雑は避けられない。

■アクセス

金沢市街から国道157号線経由で中宮方面へ。白山スーパー林道に入り、三方岩駐車場へ。駐車場の向かい側（駐車スペースあり）に登山口がある。

■アドバイス

白山スーパー林道のゲートが閉まる時間を計算して、早めの出発に心掛ける。適度に高度があるので、天候や時季によっては寒さ対策が必要。野谷荘司山、もうせん平あたりまで足を延ばす場合は、岐阜県側のガレした道にくれぐれも注意。トイレは駐車場にあり。水場は登山口にあり。

■お問い合わせ

白山市役所吉野谷支所　✆076-255-5011
白川村役場　✆05769-6-1311
●国土地理院地形図
2万5千分の1地形図「中宮温泉」

ズミの区別ができるほどの知識はないため、「まずいな」と、とっさに木札を足で隠して、「あっ、リンドウですよ」と斜面を指さす。冷や汗が出たところで、前方頭上に越中岩が迫ってきた。

三方岩駐車場で案内板をチェック

ダケカンバの巨木に迎えられる

山頂から白山山系を見渡す

そこからすぐのところでハイマツ帯にさしかかりそのまま広い山頂に飛び出した。標高1736メートルの高嶺までわずか40分の道程だ。振り返ると、笈ケ岳《おいずるがたけ》、その向こうに大笠山。ちょっとモヤっとしているが、南には野谷荘司山《のだにしょうじやま》、うっすらと妙法山あたりがうかがえるが、白山は薄雲の中。

山頂にいた先客のご夫婦がベンチを空けてくれる。サブザックを置いて南へちょっと下ってみる。リンドウの心洗われるような紫色に思わずため息。ベンチへ戻って昼食にする。全員オニギリなのだが、買ったコンビニがそれぞれ違う。あそこがうまい、ここがまずい、と延々コンビニの選び方談議となってしまった。

山頂でのんびりし過ぎて、白川郷に立ち寄る時間がなくなったので、まっすぐ親谷の湯に向かうこ

登り40分のコースは、小学校低学年でもOK

このコースの名物倒木をくぐる

リンドウ

とにする。親谷《おやだに》の湯に入るのには、スーパー林道から蛇谷《じゃだに》の河原まで、長い長い階段を下らなくてはならない。そして、河原に下り立ったら、今度は右岸の水平道を上流に向かって姥《うば》ケ滝の正面まで歩くのだ。

最後は混浴の湯につかって

姥ケ滝は、姥が白髪を振り乱したようなみごとなナメ滝で、親谷の湯につかりながらこの滝を眺めるのはなかなかのもの。だが、親谷の湯に近づくと、どうも様子がおかしい。無色透明のはずの湯が泥白色なのだ。97度の源泉は本来、無色透明なのにだ。よく見ると、ホースから引かれた沢水が濁っている。途中いたるところで工事をしていたが、それが沢水の濁りの原因のようだ。

「これに入るんですか」と尻込《しりご》みする仲間たち。そこへ中年の女性が3人やってきた。せっかくだから入りにきたと言う。続いて年配のご夫婦が「いやあ、見物だけでもと思って」と近づいてきた。もちろん野天、当然混浴。夕日を浴びた親谷の湯は、老若男女8人でにぎわった。

86メートルの「ふくべの大滝」

頂上が近づいてきた

親谷の湯。ふだんは無色透明だが、この日は、沢水が濁っているため、泥白色になっている

山頂のすがすがしさは格別

おすすめの湯

親谷の湯

「親谷《おやだに》の湯」は蛇谷《じゃだに》川の川底から湧き出る97度の源泉を利用した露天風呂で、姥《うば》ケ滝のすぐそばにある。皮膚疾患や切り傷に効くとされ、古くは飛騨側から、山越えして治療に来る人もいたという。

温泉へは石川県白山市と岐阜県白川村を結ぶ全行程約33.3キロの山岳観光道路白山スーパー林道の石川県側入り口から、4キロほどの所にある蛇谷園地の駐車場からの遊歩道を利用する。シーズン中は仮説の簡易更衣スペースが用意されるので、水着などを持参するようにしたい。足湯もある。

白山市中宮（白山スーパー林道内）
☎076-256-7341（白山スーパー林道開通期間中）
営業時間●白山スーパー林道通行時間
定休日●不定休
料金●無料
※親谷の湯へは、蛇谷園地駐車場から片道20分。

蛇谷の河原

4 鳴谷山《なるたにやま》

標高 1596.6m

参考コースの所要時間
約4時間55分

スギ巨木が続く神秘の森 色づく初秋の草原

白山が間近に感じられる

山が色づく初秋がお勧め

地元のお年寄りの間では、「じむね」「じぶね」あるいは「じゅくね」などと呼ばれている鳴谷山《なるたにやま》は、すぐ近くから白山を眺めることができると、足しげく通う人が多い山だ。出掛ける時期は、ミズバショウやホンシャクナゲが咲くころもいいが、山頂一帯を覆う草原が色づき始める初秋が、何といっても良い。そんなこだわりを持って目的地へと車を走らせ、手取川ダム湖に架かる桑島大橋を渡る。

登山口は、ミズバショウで有名な大嵐山《おおあらしやま》へ向かう途中から右手に入る百合谷《びゃこだに》林道の終点だ。悪路を注意深く進むが、それでも時折車の腹を地面にこすりながら、広い駐車場に着いた。

「それじゃ」と仲間たちに声を掛けて、ミズナラ林の中へと歩き出す。しばらくは水平の道で、ミズバショウが群生する最初の湿地帯にさしかかったところから、緩や

参考コース スタート **登山口**▶1時間▶**鎧壁**▶25分▶砂御前山との分岐▶1時間20分▶**鳴谷山**▶1時間▶砂御前山との分岐▶20分▶**鎧壁**▶50分▶**登山口**

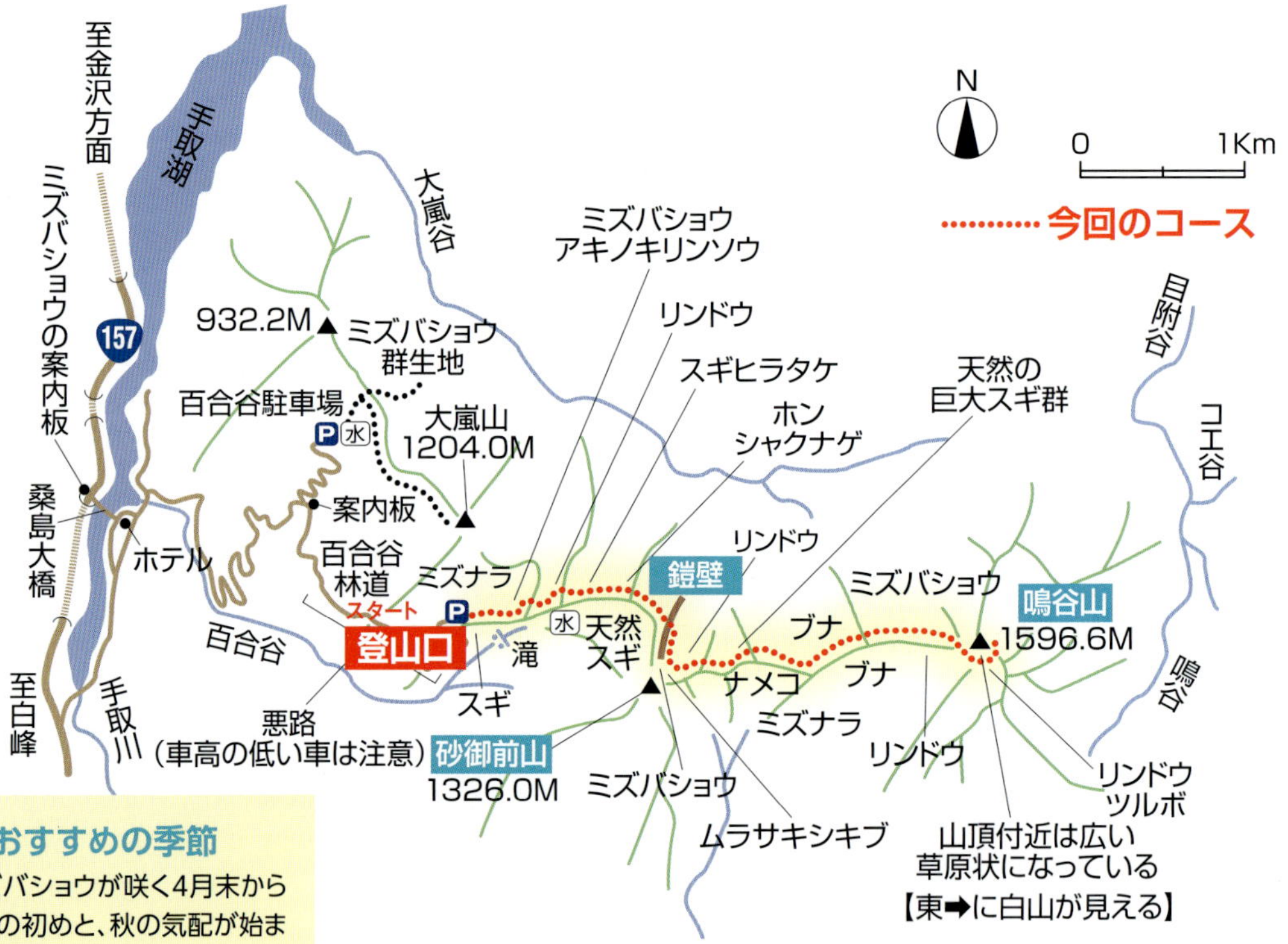

■おすすめの季節

ミズバショウが咲く4月末から5月の初めと、秋の気配が始まる9月、そして紅葉の10月がおすすめ。

■アクセス

国道157号線で白峰に向かい、手取川のダム湖にかかる桑島大橋を渡って百合谷林道を大嵐山登山口へと向かう。途中右手に鳴谷山（じぶね）登山口の案内標識がある林道が現れたら、右折して林道終点へ。

■アドバイス

トイレ、水場は、林道分岐から少し上がった大嵐山登山口にある。また、鎧壁の先でも沢水が得られる。春先は残雪があるので、鎧壁の通過にはくれぐれも注意を。

■お問い合わせ

白山市役所白峰支所
☎0761-98-2011
●国土地理院地形図
2万5千分の1「白峰」

かなアップダウンが始まる。青紫のリンドウ（オヤマリンドウ）の隣に黄色いアキノキリンソウが咲いている。その先から少し下って、枝沢にかかった丸太の

盛り上がった巨大な天然スギとヒメコマツの根

橋を渡ると上りにさしかかる。道は再び水平になり、右手下方の百合谷上流に、3段になって落ちる滝が見えてくる。

天然スギの根乗り越え

少し急な上りに取り付いたところで、杉の切り株についたスギヒラタケを見つけた。「これ、食べられるんですか」と同行の北本裕子さんに尋ねられる。「うーん、最近中毒症状が出て話題になったのってこれだったっけ、いやスギタケだったっけ」と、記憶があいまいなので手を出すのをやめて歩き出す。

緩やかな上りと水平道歩きを何度か繰り返すと、このコース特

青紫が緑に映えるオヤマリンドウ

真っ赤な実で山の秋を彩るオオカメノキ

白いオヤマリンドウも発見

百合谷上流の 3 段の滝

有の天然スギの巨木群にさしかかる。豪雪のためだろうか、枝はどれも大きく垂れ下がり、根は盛り上がって土の上に張り出している。垂れた枝が地についたところから新しい株ができる生命力旺盛なスギで、太平洋側のオモテスギに対してウラスギ（アシウスギ）と呼ばれている。日本海側に多いスギの変種なのだそうだ。

「ここ、熊の冬眠場所でしょうか」と、大きな根を乗り越したところで根の下に出来た暗い空洞をのぞき込む北本さん。「まちがいないでしょうね」と言うと、「えーっ」と慌ててその場から離れる姿に思わず笑みがこぼれる。しばらく木の根を乗り越えながら進むと、右手に大きな岩壁が姿を現す。

山スギとブナの原生林を楽しむ

鎧壁《よろいかべ》と呼ばれる岩で、傾斜はそんなにきつくはないが、コース右手に30メートルほどの幅になって立ちはだかっている。とはいえ、コースは幅の広い岩棚状態になったところに付いていて、岩の質もザラザラしていて滑りにくいため、安心して横切ることができる。鎧壁を通過して、ミズバショウだらけのじめじめした場所を下って上り返す。ムラサキシキブが顔を出し、派手な真っ赤な実を付けたオオカメノキも迎えてくれる。段差の大きい上りが少し続き、見事なスギに囲まれた鳴谷山と砂《すな》御《ご》前山《ぜんやま》との分岐にさしかかった。

コース横に立ちはだかる鎧壁

ここでちょっとひと休みして、山頂へと続く尾根道を歩き出す。「もう半分来ましたかねぇ」と山岸カメラマン。「いや、3分の1でしょう」と言うと「まだ3分の2もあるんですか」とがっかりしている。この尾根コースはなだらかだが、結構距離があるのだ。大きな坂道を下ると、幹周りが7、8メートルはあるかと思われるスギが現れる。根元から出ている幹は全部で5本。「これ、スゴイですね。タテヤマスギにも負けませんね」と迫力に感嘆する仲間たち。その先から、巨大ブナも目立つようになり天然スギとブナの原生林という、面白い構図が目を楽しませてくれる。

湿地帯を砂御前山との分岐点へ進む

ナメコの群生に興奮

坂道を上り返していると、足元の丸太にひとかたまりになったナメコを発見。すぐ右手を見ると、立ち枯れた巨木の根元にも無数のナメコが付いている。「おおーっ」とカメラを向ける山岸カメラマン。北本さんも「私の家、食彩クラブやってるんです」と狩りの目付きになり、「なめこおろしにしよう」と大騒ぎになる。

道はやがて山腹を伝うようになり、明るい日差しを受けて、至るところにリンドウが見られるようになる。「いいですね、リンドウの青って独特で」と話し掛けるが、み

スギの大木に目を見張る

んな長い歩きに飽きてきたのか、ナメコ騒動の疲れか反応が鈍い。最後のミズバショウ群生地を後にしたら、しばらくは急な上りが続く。そこを上り切ると突然草木の背丈が低くなり、山腹を南側からぐるりと巻くようにしながら山頂一帯に広がる草原に出た。

山頂は色づく草原

もちろん草原は黄色く色づき始めている。そして右手には白山が大きくそびえている。丸い頂は大汝峰《おおなんじみね》、右手の尖《とが》った頂は御前ケ峰《ごぜんがみね》。足元には一段と濃い青紫のリンドウが咲き、そのそばに日当たりの良いところに生息するツルボ（スルボ）がピンクの花を穂状に付けている。「良いですねえ、今まで登った山頂で一番良いと思いませんか」と、山岸カメラマンは夢中でシャッターを切っている。それを尻目に先へと向かう仲間たち。そしてぐるりと左旋回すると、朽《く》ちかけた山頂標識が現れた。「ご苦労様」と声をかけ合い、ザックを下ろしたら、白山を眺めながら昼食だ。湯を沸かし、熱いカップめんをすすり、にぎり飯をほおばる。

大きな決意はいらないけれど、ちょっと頑張ればぜいたくな景色を望む山頂にたどり着く。そんな喜びが味わえる鳴谷山。足しげく通う人が多いわけが良く分かった。

鎧壁から見る鳴谷山

無数のナメコに心もくぎ付け

おすすめの湯

白峰温泉総湯

旧総湯の隣に移転リニューアルオープンした白峰温泉総湯。以前は町のどこにでもある銭湯の様な作りだったが、新たに建て直された総湯の外観は豪華でびっくり。白峰の町並みにも合う風貌であり、その地域の伝統を感じました。すぐそばに広い駐車場も完備されていて、周辺の趣もガラリと変わっていました。

浴室には、ヒノキで囲われた内湯、ジェット風呂、サウナ、水風呂、露天風呂があり温度はかけ湯が37度、ジェット風呂が40度、内湯・露天風呂は42度と温度差があり工夫がされています。

泉質はナトリウム・炭酸水素塩泉で、依然と変わらずヌルッとしていて肌がすべすべになります。神経痛、筋肉痛、うちみ、疲労回復など効能も幅広く、白山の山歩きのあとには最適です。

もちろん真っ先に漬かったのは露天風呂。山を眺めながら白峰の秋の気配を味わいました。

白山市白峰ロ9　✆076-259-2839
営業時間●平日　正午～21時
土・日・祝日　10時～21時
（最終受付は20時30分）
定休日●火曜（祝日の場合は翌日）、
年末年始（12月31日～1月1日）
料金●大人650円、小学生350円、3歳以上250円

5 小大日山《こだいにちざん》

標高 1198.4m

参考コースの所要時間
約5時間05分

新緑のブナに覆われた急登
頂は南加賀の山々見渡す特等席

密集して自生するブナ林の中を進む

登山口は九谷焼発祥の地

山中温泉から約20分、右手下に九谷ダムを眺めながら、舗装された道を「石川県県民の森」めざして車を走らせる。古九谷焼の窯跡にさしかかる手前で大聖寺川と分かれ、支流の大日谷に沿ってしばらく進む。「かぜふき橋」を渡ると、登山口がある真砂《まなご》の集落跡まではほんのわずかだ。作業小屋の前を通り過ぎ、少し行くと天照皇大神宮《あまてらすこうだいじんぐう》の鳥居と広い空き地が現れた。

「今日は少しキツイかもしれませんよ」と、しっかり腹ごしらえをしてから出発だ。鳥居をくぐり、社の脇の沢にかかる板の橋を渡る。住居跡の石積みの間を縫うように登ると、ピンクのタニウツギがトンネル状になって迎えてくれる。山に分け入ろうとしたところで、作業をしている人たちから「ここは行き止まりだぞ」と教えられる。「いや、何年か前に歩いてます

参考コース スタート **真砂登山口** ▶2時間30分▶ **徳助ノ頭** ▶40分▶ **小大日山** ▶25分▶ **徳助ノ頭** ▶1時間30分▶ **真砂登山口**

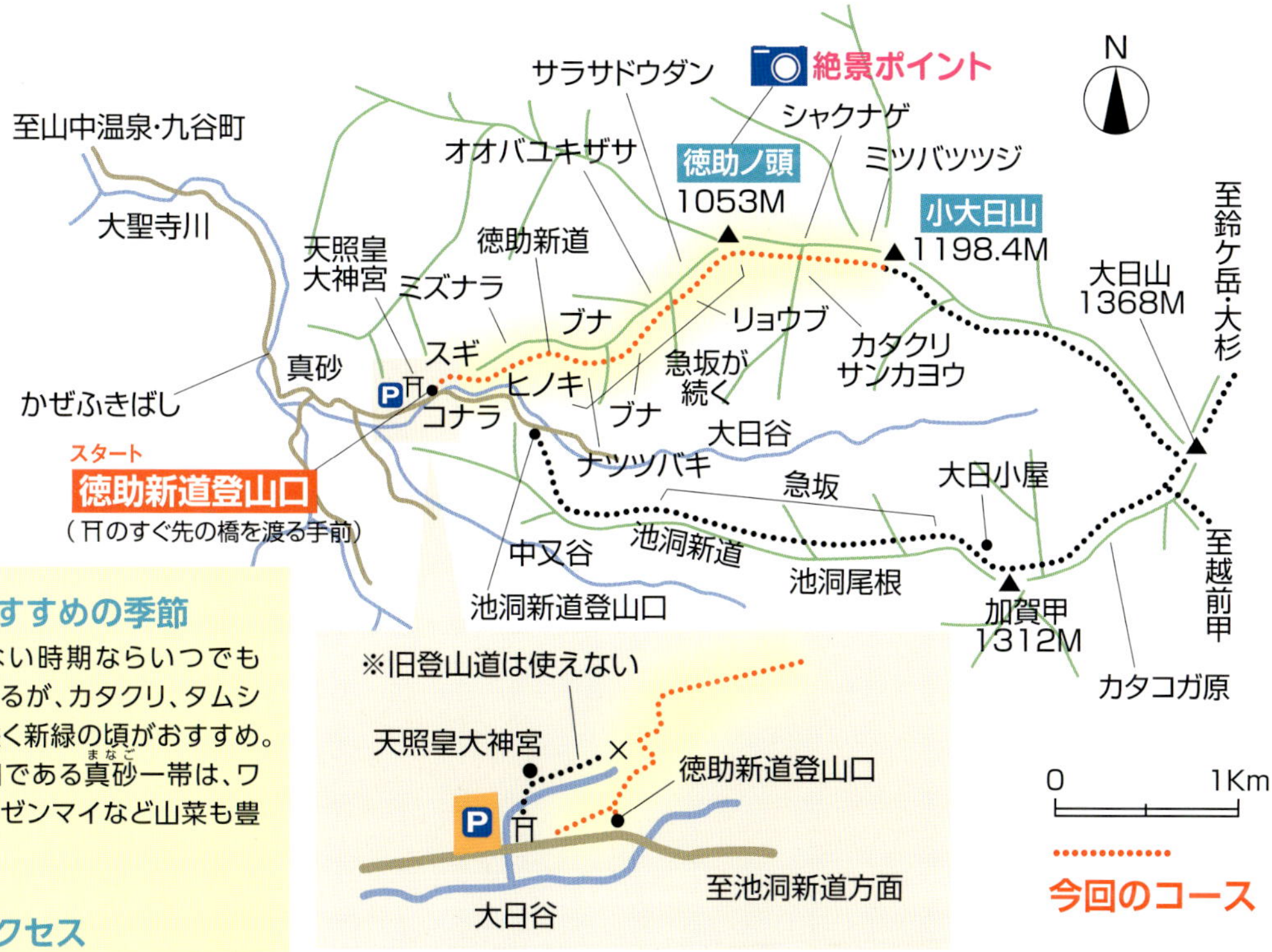

■ **おすすめの季節**

雪のない時期ならいつでも楽しめるが、カタクリ、タムシバが咲く新緑の頃がおすすめ。登山口である真砂《まなご》一帯は、ワラビやゼンマイなど山菜も豊富。

■ **アクセス**

国道364号線で山中温泉から我谷ダムへ。ダムから県道153号線で九谷ダム方面へ進み、ダムを過ぎた先の古九谷窯跡の手前から、大聖寺川に沿って右手に入る林道をたどり林道終点の真砂へ。

■ **アドバイス**

真砂に向かう林道は狭いので、対向車に注意。トイレは、九谷ダムに沿って走る途中にある。水場は登山口脇に沢がある。一日ゆっくり楽しみたい場合は、小大日山から大日山に向かい、池洞新道を下ってくる、または逆から回る周遊コースも楽しめる。

■ **お問い合わせ**

加賀市役所観光交流課
✆0761-72-7900
●国土地理院地形図
2万5千分の1地形図
「山中」「龍谷」

左から小大日山、大日山、加賀甲

から」と制止を振り切って進むが、三つ目の沢を渡る手前が大きく崩れている。合点がいかないまま鳥居まで戻り、大日谷に沿って20メートルほど上流へ行くと、橋の手前に「徳助新道登山口」の案内板があった。どうやらスタート地点が変わったようだ。小大日山へと向かうこのコースは山中山岳会の方々が10年前に整備したもので、途中徳助《とくすけ》ノ頭《かしら》という場所を経由することから「徳助新道」と名づけられている。

厳しい傾斜越え、開ける視界

「そうですよね。さっきの道じゃ

白い小花をつけたオオバユキザサ

ピンクのタニウツギが出迎えてくれる

淡いピンクが映えるホンシャクナゲ

釣鐘形のサラサドウダン

早春の代表花、カタクリ

登山口のある真砂の集落跡近くを流れる大日谷

あ、初心者にもお勧めという訳にはいきませんね」と石垣の下から杉木立の中へ足を踏み入れる。急な山腹につけられた道を15分ばかり登ると、コナラやナツツバキが現れ、ちょっと傾斜がなだらかになる。「この辺りから緩やかになりますよ」と後に続く北本裕子さんに声をかける。再び杉木立が現れ、そこを通過すると傾斜がさらにきつくなる。枝を見事に広げたブナが左手に1本、そこでちょっと一息入れる。「けっこう急な登りですね」という仲間たちに、「記憶ではこんなに急じゃあなかったんですがね」と言い訳しながら先へと進む。

1時間ほど登った辺りから、このコース特有の小木のブナがぎっしりと並んだところにさしかかる。かつて木地師による伐採があったことはうかがえるのだが、その後に大量のブナが山一帯を覆い尽くした謎がどうしても分からない仲間たち。「これじゃあ大きくなれませんね」「こんなに混みあってちゃあね」などともっともらしい論評を繰り返す。「いや、ここがこのコースの核心部ですよ」と説明しても、「なんか不自然」と一蹴《いっしゅう》される始末だ。そんな仲間たちの雑音を聞きながら、さらに長くて急な坂を登る。

足元に白い小花をつけたオオバユキザサが顔を見せ、その辺りから木々の丈が少しずつ低くなり、頭上が明るく開けてくる。黄緑色の釣鐘《つりがね》型をしたサラサドウダンが咲いている。その少し先で右手の視界が開け、大日谷の深い切れ込みを隔てて、もう一方のコースである池洞尾根《いけぼらおね》が加賀甲《かがかぶと》へと延びている様子が見える。南には福井との県境の山々が横に長く寝そべって立ちはだかっている。

大日山、鈴ヶ岳へ、鞍掛山などを一望

最初の標高点ピークである徳助ノ頭はそこから間もなくだ。そんなに広くはないが、よく整地されていて周囲を遮《さえぎ》るものは何もない。時刻は午後零時半。「ちょっと腹に詰め込んでおきましょう」とこの日2度目の休憩とする。「今日はお腹が空きますね」とおにぎりをほおばる北本さん。「なんか力が出なくて」と人形焼を二つまとめて口に運ぶ山岸カメラマン。目指す小大日山はもう目と鼻の先なので、しっかり休憩してから歩き出す。

道はいったん緩やかな下りになる。ホンシャクナゲがピンクの花をつけて咲いている。下り切った辺りには薄紫のカタクリが残っている。山岸カメラマンはサンカヨウの白い花にレンズを向けている。ヘビも1匹

急な山腹についた上り道に一苦労

若いブナが山一帯を覆い尽くす

横たわっている。動こうとしないのでストックで樹林の中に放り投げるとノロノロと逃げて行った。さらにひと上りすると、北側斜面にタムシバとホンシャクナゲとミツバツツジが入り乱れて咲いているところに出た。

そのすぐ先に測量用の三角点があって、小大日山と書かれた分厚い板が立て掛けられている。「着きましたよ、地味な山でしょ」と仲間たちに相槌《あいづち》を促しながら、少し先の1番高くなっている辺りまで移動する。東にデンと構える南加賀の盟主・大日山まではだいぶ距離がある。その北隣に鈴ケ岳、西下方に目を移すと、人気の鞍掛山《くらかけやま》、蟹《がん》ノ目《め》山《やま》、そして富士写ケ岳《ふじしゃがたけ》の頂が見える。

「南加賀の人気の山々が見渡せる特等席だと思いませんか」。しばし頂の心地良さを味わった後、「下りたらおいしいピザを食べましょう」と話題を切り替えた途端に、「私、パスタとピザが大好きなんです」と北本さんが目を輝かせる。「前からずっと言ってた店がありましたよね」と山岸カメラマンも乗り出してくる。そうなると地味だった上りとは打って変わってピザを話題にした大騒ぎの下山が始まる。

もちろん、予想をはるかに上回るスピードで登山口に降り立ち、気が付いたら山代ゴルフクラブのそばにあるカフェのテーブルいっぱいに並べられたピザに手を伸ばしていた。

山頂からは南加賀を代表する山々が見渡せる

山頂到着の目印は測量用の三角点

おすすめの湯

山中温泉ゆけむり健康村
ゆ〜ゆ〜館

山中方面の山に出かけたときは、「山中温泉ゆけむり健康村ゆ〜ゆ〜館」に立ち寄ります。自然に溶け込みたいなら「ゆ〜ゆ〜館」はお勧めです。屋外にある広い岩風呂に浸かって、山中節の心地よい節回しにうっとりしながらボーッとするのは何とも言えません。

泉質がどうこうといったことは、山中温泉の紹介には不要です。「熱くもなく、ぬるくもない」1300年の歴史を持つ全国有数の名湯ですから。

多目的な施設で、同一敷地内には観光案内所や物産コーナーもある「道の駅」があるので、お土産さがしも楽しめます。

加賀市山中温泉こおろぎ町イ19
0761-78-5546
営業時間●10時〜22時
定休日●火曜
料金●大人500円、小人200円

6 大嵐山《おおあらしやま》

標高 1204m

参考コースの所要時間 約1時間30分

可憐なミズバショウの群生地 アウトドアクッキングも満喫

遊歩道はよく整備され、初心者も登りやすい

テレビを見ていたら、沢登りを趣味に持つ知り合いがアウトドアクッキングの達人ということで、地《じ》下足袋《かたび》にハチマキ、フィッシングベストという奇妙な正装で登場して、炭火の使い方かなんかの解説をしていた。

幸先よくタラノ芽を発見

この人物、野宿しかしたことないのに、と思わず噴き出したのだが、ちょっと対抗意識が芽生えてきて、5月のある日、「大嵐山でミズバショウを見てから、アウトドアクッキングをやろう」となった。

メニューはソーメンと山菜の天ぷら。桑島大橋を渡り百合谷《びゃっこだに》林道に入ったところで、速度を落としてウロウロキョロキョロ、右手のガケっぷちにうまそうなタラノ芽を発見。これで天ぷらはオーケーだ。

参考コース スタート 百合谷駐車場 ▶15分▶ 百合谷峠 ▶15分▶ 奥の湿原 ▶10分▶ ミズバショウ園 ▶15分▶ 百合谷峠 ▶15分▶ ブナ原生林 ▶20分▶ 百合谷駐車場

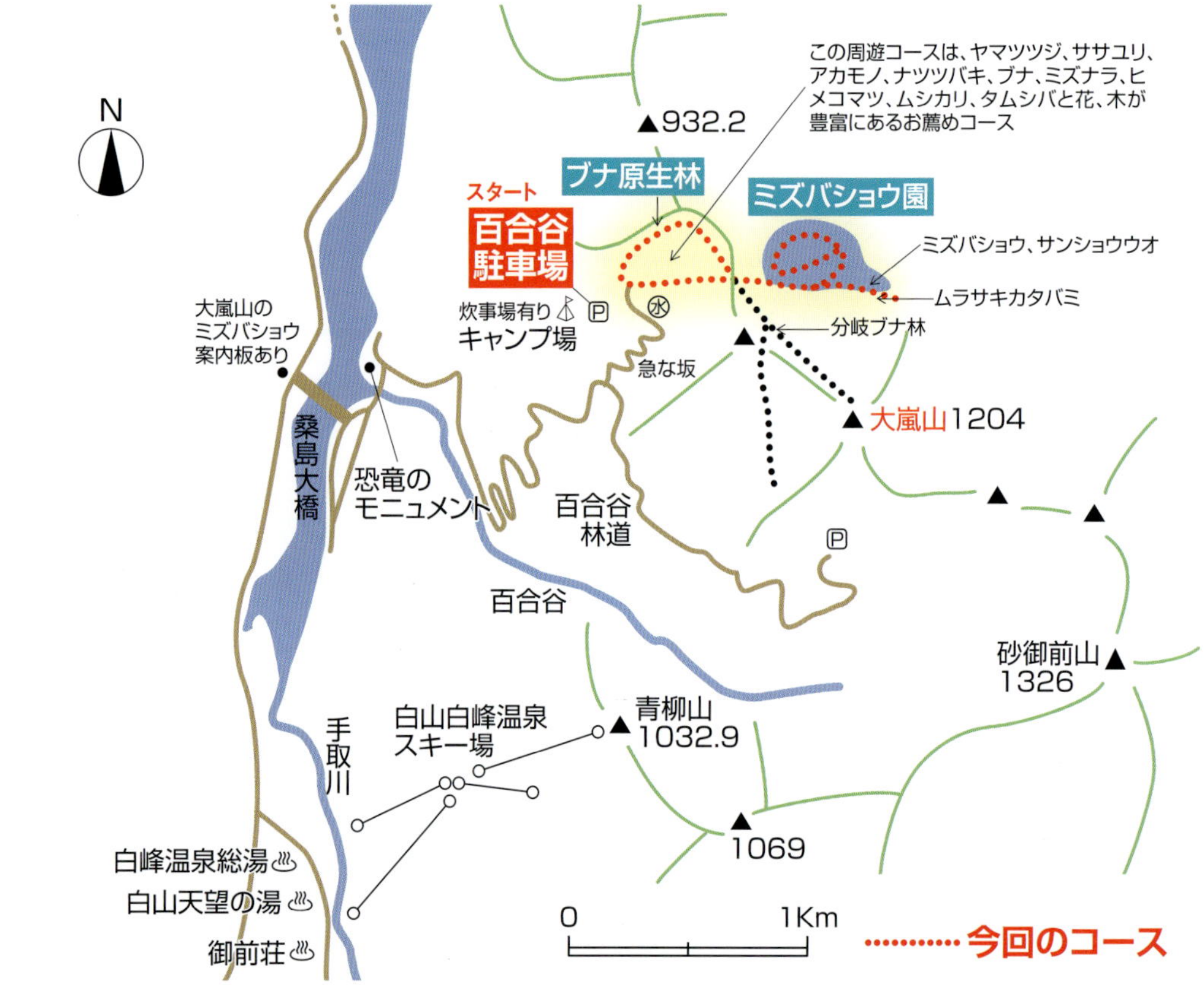

広い百合谷駐車場に先行者の車は2台。クッキングによさそうな場所を選んでそのそばに車を止めると、なにはともあれミズバショウ見物だ。沢水を引いて作られた水場で喉《のど》を潤して、丸太の階段を登り出す。

百合谷峠の手前で「去年ここでカモシカと出会ったんですよ」と話すと「クマは大丈夫なんですか」と聞かれる。「いやあ、このへんはもともとクマやカモシカのものだからね」といいかげんな返事をしているうちに峠にさしかかる。一服しようとしていたら、ミズバショウの方から河内村のご夫婦が登ってきた。

ミズバショウ

■おすすめの季節

ミズバショウが咲きにおう4月下旬から5月中旬がよい。その年によって時期が変わるので、問い合わせをして出掛けたい。

■アクセス

国道157号で白峰村方面へ。右手の白山恐竜パーク白峰を過ぎた先にある桑島大橋を渡って、百合谷林道を終点の駐車場まで入る。登山口は駐車場脇にある。

■アドバイス

百合谷《びゃこだに》林道は、台風や大雨、残雪の状況などで通行止めの場合があるので、事前に問い合わせが必要。ミズバショウの咲くころになると休日は混雑するので注意。ミズバショウ群生地には、くれぐれも立ち入らないように。トイレ、水場は駐車場にあり。

■お問い合わせ

白山市役所白峰支所 ✆076-259-2011
●国土地理院地形図 2万5千分の1「白峰」

百合谷の駐車場でコースをチェック

深緑の大嵐山遊歩道を行く

ミズバショウで一面真っ白

「2週続けて鳴谷山に出掛けたんですよ」と言うご主人は、日焼け具合からして山遊び三昧《ざんまい》の毎日のようだ。「それにしても最近、考えられないようなところで遭難さわぎが相次いでますねえ」と、しばらく立ち話したところで、ミズバショウの群生地へと下り始める。

サンカヨウの白い花に心をなごませながら、出作り小屋跡の方に少し行ったところにある湿地帯へと足を延ばす。足元にピンクのムラサキカタバミが現れると、すぐ左一帯の湿原にミズバショウが群生しているのが目に留まる。観察路とか木道もなく、踏み荒らされる心配がある所なので、ちょっと遠慮しながら見物する。

水たまりで何か動いている。見るとサンショウウオだ。天ぷらにするとうまいのだが、旧白峰村が買い取った自然保護地区で、そんなこと考えるだけでも不謹慎なこと。ここはグッとこらえる。

せっかくだからと引き返して、連休中に1500人が訪れたというミズバショウ園に足を運ぶ。1日平均400人。なるほど、足跡が足の踏み場もないほど小刻みに重なってついている。

峠に戻ると展望コースでブナ見物とする。タムシバの白い色はいつ見ても胸騒ぎを覚える。絹のドレスのような色と言えばいいのだろうか、我々の年代の「青春」の甘酸っぱい白と言えばいいのか、とにかくいいのだ。

なんて、一人悦に入っていたら「このブナ、おもしろい形ですね」と、仲間の一人がコブだらけのブナの木に登って得意そうにしている。

天ぷらとソーメンに舌鼓

駐車場に戻ると、水場で冷やしておいたビールを片手に、さっそくアウトドアクッキングだ。湯を沸かし、ソーメンを茹《ゆ》でる。タラノ芽を洗い、薬味用のネギとミョウガを切る。天ぷらの具を油に入れ

湿地帯には一面にミズバショウが咲き誇る

アウトドアでの食事は格別

水場で喉を潤す

サンショウウオ

ると、プーンと香ばしい香りが漂う。カラリと揚がった天ぷらを、隣のテーブルで昼食をとっているご夫婦にさしあげる。お返しにとコシアブラという木の芽をいただく。タラノ芽とウドを足して、それをさらにおいしくしたような山菜の王様で、これがまた天ぷらに最高なのだ。よく洗って冷やしたソーメンと山菜で、心行くまでアウトドアを楽しんだら、締めくくりは白峰の温泉だ。

入るとすぐヌルッとして、肌がツルツルになるこの湯は、打ち身、ネンザ、筋肉痛などアウトドアをする人達向き。山と温泉は切っても切れない仲なのだ。

天然の岩石を用いて造られた岩風呂

おすすめの湯

白山天望の湯

「白山天望《てんぼう》の湯」は、平成12年にオープンした。露天風呂があり、その名のとおり窓越しにそびえ立つ白山を展望できるのが大きな魅力である。

2階建ての施設には、それぞれの階に露天風呂がある。1階には天然の岩石を用いて造られた岩風呂、2階には檜《ひのき》風呂と、趣《おもむき》の違いを楽しみたい。また、白峰は日本最古の恐竜《きょうりゅう》化石が発見されたことでも知られている。1階の内湯の壁面は当地で産出された、シダなどの植物化石が含まれた石が使われており、化石を探しながら入浴するのも面白い。1階と2階は週ごとに男湯と女湯として入れ替わる。

白山市白峰ツ52
076-259-2010
営業時間●12時～21時
　(土・日曜、祝日は10時～)
定休日●木曜(祝日の場合は翌日)
料金●中学生以上650円、小学生350円、
　幼児(3歳以上)250円

ムラサキカタバミ

サンカヨウ

タムシバ

7 鈴《すず》ケ《が》岳《たけ》

標高 1174.7m

参考コースの所要時間 約3時間15分

巨大ブナに驚く 晩秋の山は熊に注意

美しく色づいた山は、空気が一段とすがすがしい

小松市の大杉少年自然の家を過ぎ、鈴ケ岳登山口の案内に従って右折する。大杉谷に沿って延びる林道は8キロ余り。うっそうとした晩秋の杉木立の中を、よく舗装された林道をたどる。目指すのは鈴ケ岳に続くブナ街道と、幹回りが4・4メートルもあるというブナの巨木を眺めること。そしてもう一つ、途中のヌギ谷原に再現された出作小屋の様子を見て来ようという算段だ。

ブナ街道を通って頂上へ

「今日はちょっと頑張りましょう。2時間ほどです」と声をかけ、沢筋に沿って杉林の中に足を踏み出す。ひと登りするとすぐ水平道となり、少し下ってセノ谷を渡る。そこからひと歩きして、もうひとつの沢を渡ると登りに入る。植林杉の中をジグザグ登って、山腹を巻くようにして隣の谷に下り、ゆるやかに上り返す。

すぐにヌギ谷原にさしかかる。少し前に訪れた時のこと、ブルーシートで囲われた下小屋で、N

鈴ケ岳

参考コース　スタート 登山口 ▶40分▶ ヌギ谷原避難小屋 ▶90分▶ 鈴ケ岳 ▶40分▶ ヌギ谷原避難小屋 ▶25分▶ 登山口

■おすすめの季節

雪解けの5月、カタクリの花が咲く新緑の7月から紅葉の11月までがいい。

■アクセス

金沢市街から国道8号バイパスを東山ICで下り、国道416号・県道161号で大杉へ。少年自然の家を過ぎて大日川を渡る手前を案内板に従って右に。大杉谷川沿いの林道終点が登山口。

■アドバイス

林道は悪天候でしばしば通行止めとなるので、事前の確認が必要。林道終点には駐車スペースもあり、道幅も意外に広いが、仕事道なのでUターンできるスペースを空けておくこと。ヌギ谷原の小屋から先は、急傾斜が多いので、下山時は特に慎重を期すこと。水場は、ヌギ谷原の小屋のすぐそばにあるが、トイレはないので注意。

■お問い合わせ

小松市役所観光政策課　✆0761-24-8076
●国土地理院地形図
　2万5千分の1地形図　「山中」「加賀丸山」「尾小屋」

ブナ街道は森林浴に最適

さんが手押しカンナで板を削っていた。前の年はテント生活だったのがりっぱな小屋掛けとなっていて、すぐそばには大根畑までできていた。「いやあ、思ったより手間取って」とNさん。1年間で3・5トンもの材料を運び上げたといっていた。完成した出作小屋はとてもりっぱだった。

　大休止したところで、ブナ街道へと向かう。水場の枝沢を渡り、よく整備された丸太の階段をひと上りすると尾根に出る。ブナ街道の始まりだ。

アップダウンの繰り返し

　ゆるやかな傾斜がしばらく続き、急な登りが始まったところに巨大ブナの案内板が掛けられている。1番よく見えるところに看板をつけたとNさんから聞いてきたのだが、それでもどれが「巨大ブナの木」なのかわからない。「あれかな、いやあれは違うぞ」と、辺り一面キョロキョロと見回して「あったあった、あれだ」「ホントだ、大きい」と、周囲のブナ越しにかろうじて見える巨木の片鱗《へんりん》にじれったくなる。

　傾斜はますますきつくなり、やがてロープが固定されたコースにさしかかる。鈴ケ岳山頂への頑張りどころ

スタートは杉木立の中から

再現された出作り小屋

樹林越しに白山が見える

ナナカマドのかれんな実

だ。とはいえこの急坂は、うんざりする前に終わる。そして穏やかな傾斜の先に空が広り、山頂が近いことを知らせてくれる。

潅木《かんぼく》の背丈が低くなると、やがてチシマザサの中に飛び出した。そこから小さくアップダウンを2度繰り返すと山頂に出た。山頂に設置されたボックスから登山ノートを取り出して読んでみる。「リハビリ登山に出掛けて来ました」とある。名前を見ると、知り合いの山仲間だ。

昼食をとっているところへ、一人の男性が登って来た。小松市に住むMさんだ。「大日までと思ったんですが、天気があまりよくないので、今日はここまでです」とガスコンロで湯を沸かし始めた。Mさんとしばらく山の話をしてから、一足先に下りる。「下りはやっぱり早いですね」「私ヒザがほほ笑みだしちゃった」「まだ笑ってないんですか」などとやってるうちにヌギ谷原に着いてしまった。

よく整備された丸太の階段

ヤマブドウがお出迎え

「みなさんにヤマブドウを少し採ってきたけど、今年は不作だ」とNさんが出迎えてくれたのを思い出す。「ここの水は飲めますかって聞かれたり、クマは出てこないんですかって聞かれたりするんだけど。ここはもともとクマが棲《す》むところだから、なんと答えていいのか」とNさんは言っていた。

見事な山ブドウ

「雪が降る前に棟上げだけはしたいと思ってね」と貴重なヤマブドウをいただいたのだった。

汗をかいたあとは帰路ちょっと回り道をして温泉「ピュア涌泉寺」に向かった。透明度の高い湯につかり、木のぬくもりに一息つきながら川の流れに目をやる。

体が温まったら次は当然グルメだ。とは言っても、我々はソバとかラーメンといった大衆グルメ一筋。行きつけのそば屋さんに立ち寄り、盛りソバの大盛りに、思わず「うまい」と唸《うな》った。

紅葉の山々は感動的な美しさ

ようやく山頂へ。この日は曇り空で見晴らしが悪かった

大杉谷の沢筋を行く

おすすめの湯

ピュア涌泉寺

「ピュア涌泉寺《ゆうせんじ》」は16室もの家族風呂や電気風呂、子ども向けの滑り台の付いた風呂など、10種類の風呂を備えている。

野趣《やしゅ》豊かな露天風呂では、毎週火・水曜日に薬草湯が楽しめ、晴れた日には白山が望める。施設の充実ぶりに対して、入浴料420円は良心的だ。

温泉以外にも、バーベキューサイト、パットゴルフ場、温水プールと、家族やグループで楽しめる施設がそろっている。館内の娯楽施設と温泉を合わせた、お得なパック料金も設定されている。

小松市中海町12-38
0761-47-4100
営業時間●9時45分～22時30分
（受付～22時）
定休日●無休
料金●中学生以上420円、小学生130円、未就学児50円

8 鷲走《わっそう》ケ《が》岳《たけ》

標高 1096.6m

参考コースの所要時間
約3時間35分

手取湖を眼下に見ながら なだらかな登山道を満喫

山頂からは
笈ヶ岳、
大笠山などの
山々がくっきり

鷲走ケ岳《わっそうがだけ》を歩いてこようと旧尾口村（白山市）の東二口に向かった。国道157号線沿いにある尾口支所前の信号を過ぎ、S字を描きながら手取川に架かる大橋を上るとバス停が現れる。ここを右折して坂道を上れば東二口の集落だ。駐車場は国指定の無形文化財「文弥人形浄瑠璃・でくの舞」で知られる木偶《でく》が保存されている歴史民俗資料館のすぐそばだ。「国内で4カ所しか残ってない浄瑠璃らしいですよ」という山岸カメラマンの説明に、「350年も続いているなんて、すごいですね」と田中妙佳《みか》さん。「北國新聞のホームページだと、義太夫節以前の古浄瑠璃だってありましたよ」「義太夫節、なんか聞いたことがありますねえ」となるが、仲間たちの文化水準ではそこから先へは話が進まない。「まあ、とにかく歩きましょう」と、テーマを体力勝負に切り替えてスタートだ。

参考コース スタート 駐車場 ▶30分▶ 見晴らしの良い尾根 ▶25分▶ 林道 ▶15分▶ 白抜山 ▶10分▶ 鞍部（Cコース合流点）▶50分▶ 鷲走ケ岳 山頂 ▶30分▶ 鞍部（Cコース合流点）▶5分▶ 林道 ▶ Bコース ▶50分▶ 駐車場

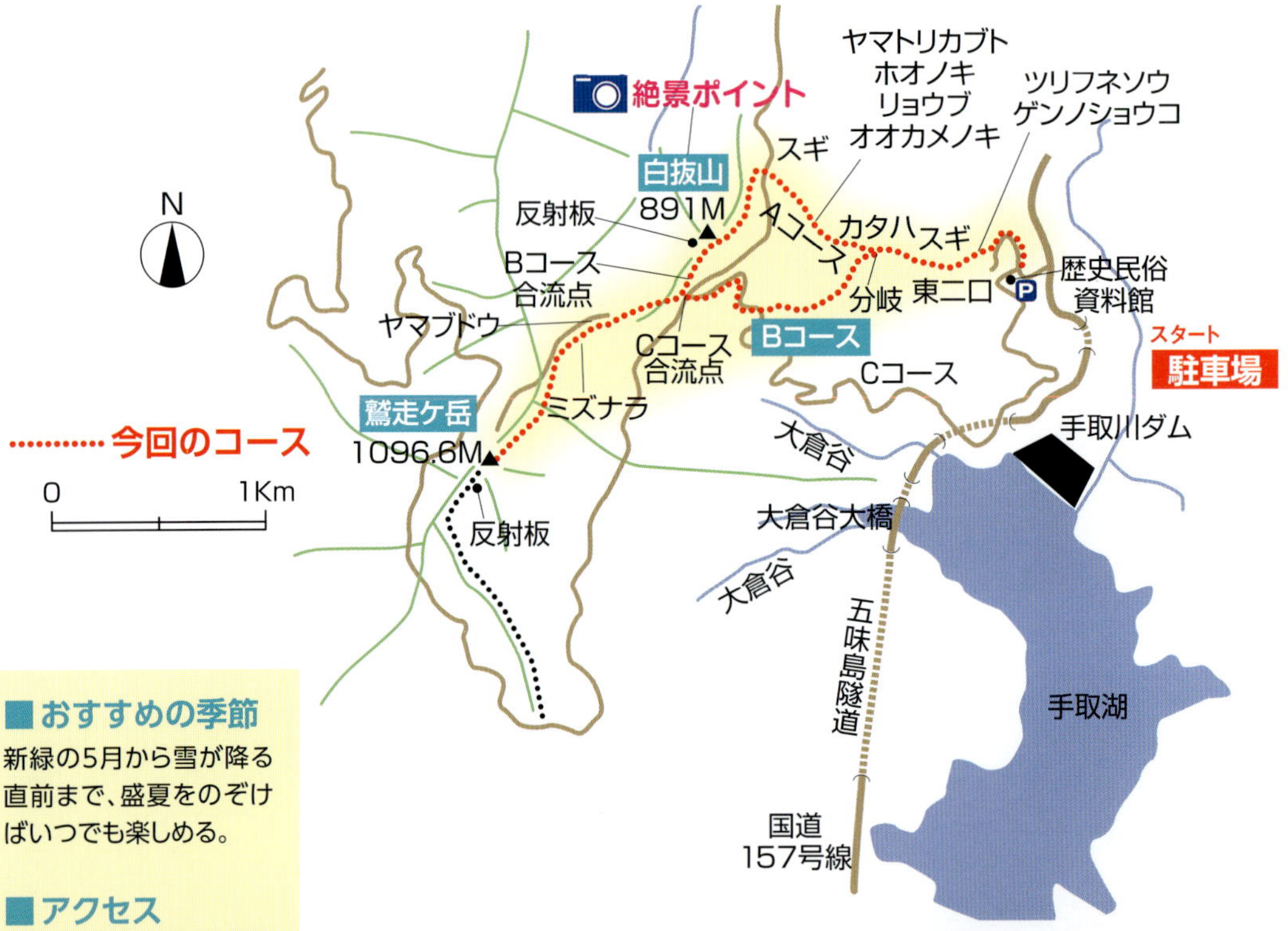

■ **おすすめの季節**

新緑の5月から雪が降る直前まで、盛夏をのぞけばいつでも楽しめる。

■ **アクセス**

国道157号線で白山市役所尾口支所前を過ぎて手取川に架かる大橋を渡った先を右折して、坂道を東二口の集落にある駐車場へ。

■ **アドバイス**

白抜山を経由するコースと鷲走ケ岳へ直接登るコースがあり、林道を利用してのアプローチなども自由に選べる。水場は登山道の途中を右に下ったところにあるが、トイレは瀬女高原スキー場隣の道の駅ですませておこう。

■ **お問い合わせ**

白山市役所尾口支所
✆076-256-7011
●国土地理院地形図
2万5千分の1「尾小屋」「市原」「白峰」「加賀丸山」

尾根に向かって上る

白抜山を経由するAコースのスタート地点

Aコースでまず白抜山へ

白抜山《しらぬきやま》の案内に従って丸太づくりの階段を上り、土蔵の脇から杉木立の中に続く道に足を踏み入れる。最初に迎えてくれたのは白いゲンノショウコとピンクのツリフネソウ、その隣には黄色いキツリフネ（ツリフネソウそっくりの花）。雨が降ればすぐに枝沢になる樋状の道にはカタハ（ウワバミソウ）が群生している。

最初の分岐にさしかかったところで「白抜山右Aコース、左Bコース」の案内板を見た山岸カメラマンが「あれっ、鷲走ケ岳に登るんじゃないんですか」といぶかしがる。「Bコースからの近道もあるんですが、Aコースから白抜山を経由した方が楽しいですよ」と説明すると、「じゃあ、きょうは二つの山に登るんですね」と気合を入れて右のAコースへと歩き出す田中さん。福井の武生で生まれた田中さんは、近くにある鬼ケ嶽によく登ったという。

秋晴れの空気をいっぱいに吸い込む田中さん

手取川沿いに 吉野谷の集落

「鬼ケ嶽ほど傾斜はキックないですよ」と行程を説明している間に、明るく刈り払われた尾根に出た。周囲のミズナラが切り払われていて、正面にお椀を伏せたような白抜山が迫って見える。右手下方には手取川に沿って延びる吉野谷の集落が眺められる。「わあーっ、気持ちイイーッ」と大きく伸びをする田中さん。その隣では、直径が8ミリもあろうかというツクバネの実が羽を広げているのを見つけて、山岸カメラマンがシャッターを切っている。

尾根を少し登ると、ホオノキ、ブナ、リョウブなどに包まれた、山腹伝いの水平道となる。ミゾソバが足元一面を被い、ゲンノショウコも大群落を作っている。「少しもらっていきますか。煎《せん》じて飲むと体にいいらしいですよ」などと話しながらそのすぐ先に目をやると、毒性の強いヤマトリカブトの花。「これはやめときましょう」と道草に区切りをつけて先へ進む。小さな谷を何回か横切り少しずつ高度を上げると林道に出た。一服する仲間たちの隣でアカツメクサにレンズを向けながら、「花はもう十分ですね」と贅沢《ぜいたく》なことを言う山岸カメラマン。

ここから白抜山まではほんのわずかだ。苔《こけ》むした粘土質の、なだらかな道伝いに15分ほど上り、杉木立の先に電波の方向を変える反射板が見えてくると山頂だ。東側が大きく刈り払われていて、眼下に青い水をたたえた手取湖が見える。

羽子板の羽に似たツクバネ

鮮やかな色がまぶしいムラサキシキブ

もともとはヨーロッパが原産のアカツメクサ

眼下に手取湖が見える

なだらかな尾根道を山頂へ

小休止したら白抜山を後に鞍部まで大きくひと下り。ムラサキシキブが紫色の実をつけている、そのすぐ先がBコースの合流点。続いて林道伝いのCコースの合流点にさしかかったら、目的の鷲走ケ岳への上りが始まった。とはいえ草地の中に続くなだらかな道で、ミズナラの古木が数本現れたら、やっと少し上りらしくなるのだ。足元にはアキノキリンソウ、そしてヤマブドウが四方に手を広げているあたりから少し先へ進んだら、左手眼下に手取湖が、白抜山から眺めた時よりもずっと近くに見える。「いいですね」とシャッターを切る山岸カメラマン。

その先で初めて岩盤伝いの上りが始まる。ロープが張られているのを見て「なんかヤル気が出てきました」と取り付く田中さんだが、そのすぐ先はもうなだらかな尾根道。右手の沢に近づいたところに「水場」の案内板が掛けられていて、そこからゆるやかに上ると道はまたまた水平になる。尾根を右から巻くように回り込み、杉木立にさしかかると、再び快適な尾根道となった。

ここから山頂まではほんの

いかにもマイナスイオンがいっぱいです

わずかだ。急な上りにあえぐこともなく、樹林の先がポッカリ開けて、鷲走ケ岳のシンボルでもある反射板が見えてくる。残雪期に鷲が羽を広げた雪形が山肌に現れることから名づけられたと言われる鷲走ケ岳。田畑の仕事や漁を始める目安として、雪国では土地土地の山に現れる雪形に名前がつけられていることが多いと聞く。遮《さえぎ》るもののない山頂からは、東に笈ケ岳《おいずるがたけ》、大笠山《おおがさやま》、南には白山、そして西に加賀を代表する大日山とぐるりと見渡せる。

帰りはBコースからと林道に下りたところで、青いアケビを発見。続いて、かなり熟したアケビが次々と顔を見せる。アケビを見るのは初めてという田中さんに「食べてみたら」とすすめると、「これ、食べられるんですか」と口に運んだところで「わあーっ、ホントの自然の甘さですね」と目を細める。秋の山は、思わぬ恵みでいっぱいだ。

白抜山の山頂に立った

山頂にある方位盤で周囲の山々を確認

山頂そばの反射板の下で昼食です

おすすめの湯

老人憩の家 女原《おなはら》温泉

白山市役所・尾口支所（旧尾口村役場）の脇から集落に入った手取川沿いに、老人憩の家 女原《おなはら》温泉という小ぢんまりとして素朴な温泉があります。鉄分を含む湯は、空気に触れると淡い褐色になるのが特徴で、ナトリウム、カルシウム、弱アルカリ成分も含まれていて、筋肉痛、関節痛、打ち身、ネンザ、そして五十肩などにも効能があります。源泉は36.9度とのんびり浸かるのに最適な温度。

源泉を一口飲んでみた田中さん。「ちょっと塩分が含まれていますね。NACLですね」と難しい説明をし始める。福井高専の物質工学科で化学を専攻していたと聞いて「じゃあ弱アルカリは」と質問する仲間たち。湯あがり後は体の芯までポカポカ。鷲走ケ岳に1番近い、あまり知られていない温泉です。（シャンプーは持参のこと）

白山市女原ホ60　☎076-256-7552
営業時間●16時～21時（4月～9月）
15時～20時（10月～3月）
定休日●月・水・金曜
料金●中学生・大人300円、小学生100円
幼児 無料

9 大倉山《おおくらやま》

標高 1004.6m

参考コースの所要時間
約4時間20分

赤や黄に染まる山肌眺め
石川、富山の県境またぐ尾根巡り

紅葉が始まったばかりの登山道を満喫

金沢の街を流れる犀川の源流域には、赤堂山《あかんどやま》、月ケ原山《つきがはらやま》、多《た》子津山《こつやま》、三輪山《みのわやま》、成ケ峰《なりがみね》、そして高三郎山《たかさぶろうやま》と、地味だけど、心引かれる頂が連なっている。そんな山域を心行くまで眺めてこようと、里山の紅葉が待ちきれない仲間たちと石川、富山県境にある大倉山へ向かった。

ブナやカエデの紅葉楽しむ

金沢湯涌福光線を浅野川沿いに刀利《とうり》ダム方面へ車を走らせる。横谷《よこたに》町の集落手前から林道順尾《ずんのお》

参考コース

スタート **林道終点駐車場**・登山口 ▶35分▶ **上順尾山** ▶45分▶ **順尾山** ▶5分▶ 奥高尾山との分岐 ▶1時間▶ **大倉山** ▶3分▶ **展望場所** ▶45分▶ 奥高尾山との分岐 ▶5分▶ **順尾山** ▶35分▶ **上順尾山** ▶30分▶ 登山口・**林道終点駐車場**

青空に吸い込まれるように伸びるブナの幹

ひと足早く赤い衣をまとった木々

線をたどり、標高806メートルにある登山口の車止めまで一気に上る。

出掛けたのは10月下旬。周囲の木々はまだ色付き始めたばかりだ。「11月の第2週にもなれば見ごろでしょうね」と予想する森はづきさんに対し、山岸カメラマンは「色付きかけたばかりの山もワクワクしますよ」と、もうすっかり紅葉狩り気分だ。

ススキに包まれた駐車場に車を置き、落ち葉がじゅうたんのように積もった広い道をカサカサと音をたてながら歩く。なだらかな下り道に、薄紫の実をつけたムラサキシキブのか細い枝が、草むら

■おすすめの季節

タムシバ、トクワカソウが咲く5月から、紅葉とキノコの季節、そして晩秋まで楽しめる。

■アクセス

主要地方道10号線(金沢・湯涌・福光線)で湯涌から刀利ダム方面へ。横谷町にさしかかったら林道順尾線に入り、登山口がある林道終点へ。

■アドバイス

林道の状況は事前に問い合わせを。林道終点には車が10台ほど置ける駐車スペースがあるが、トイレ、水場はない。クマよけは忘れずに。

■お問い合わせ

金沢市役所
☎076-220-2111
県土木事務所林業水産課
☎076-272-1965(林道状況)
●国土地理院地形図
2万5千分の1地形図
「湯涌」「西赤尾」

途中、奥医王山から金沢平野を臨む

色づくハウチワカエデ

階段脇に咲いたアキギリ

繊細な実を付けた ムラサキシキブ

から伸びている。見上げると、灰褐色のブナの枝と色付きかけた葉が青空に吸い込まれるように広がっている。

オオバクロモジは薄い黄緑から黄に変わろうとしている最中だ。葉が赤くなり始めたウリハダカエデやコミネカエデも、行く手に所々顔を出す。

上順尾山から順尾山へ

大倉山へは、上順尾山、順尾山を越えるルートを通る。小さなアップダウンを繰り返しながら快適に歩いて行くと、やや段差の大きい上りが始まる。階段の脇に咲くのはアキギリだ。段差を大またで乗り越すと右手が開け、奥医王山から金沢平野が見渡せる場所に差し掛かった。

上順尾山はそのすぐ先だ。標柱には「順尾山」とある。そこからはミズナラやナツツバキに囲まれた平らな道が続く。シロヨメナ(ヤマシロギク)が日差しを浴びて咲いている。その林の向こうに、河内谷《かわちだに》へと落ちている隣の尾根が見え隠れする。ヌルデやハゼノキだろうか、所々に一足早く色付いた木々が赤い衣をまとって目を楽しませてくれる。

順尾山には登山口からゆっくり歩いて1時間余りで着く。順尾山と分かる標識は木の枝に掛かったプレートだけだ。順尾山を過ぎて5分ほど歩くと、目指す大倉山と奥高尾山との分岐に差し掛かった。

愛好家に支えられた登山道

せっかくなので、奥高尾山へのルートにも足を踏み入れてみた。一帯の登山道は県が整備したものだが、順尾山と奥高尾山を結ぶ道は、2010年まで草刈りがされずひどいやぶ状態だった。

その整備に乗り出したのが日本山岳会石川支部だ。公益事業の一環として下草を刈り、新しい案内標識も取り付け、コースの二つのピークに「心野谷山《しんのたんやま》（826m）」、「西谷山《にしたんやま》（775m）」、コースそのものに「浅犀《せんさい》みくまりの道」と新たな名前がつけられたのだ。「みくまり」は、神の恵みである水を配るという意味だ。このコースが金沢を流れる浅野川と犀川の分水嶺《ぶんすいれい》をたどることから、この名を冠することにしたという。

整備直後にあつかましくも歩かせてもらったが、ブナの原生林の中に続く道は、適度な高低差があってとても心地良かった。

分岐に戻り、休憩していると、2人の男性が柄の長い鎌で下草や枝を刈り払いながら追いついてきた。金沢市の平澤卓朗さん（68）と息子さんで、毎年1回コースの整備をしていると言う。

平澤さんはこれまでに前高尾山から奥高尾山、そして吉次山《きちじやま》の周遊コースを開き、順尾山から大倉山の整備を30年以上続けている山好きである。「宿題と同じでやらないとたまって大変になる」。

そう言って刈り進む2人を見ていると、こういう人たちに支えられたコースなのだと実感する。

頂上前にロープ伝いの急登

分岐から、大倉山へと再び歩き出す。次第に木々の色が変わり始め、緩やかに下ると、前方に右手へ続く尾根と大倉山の尖《とんが》りが見えてくる。

さらに大きく下ってやせた吊り尾根をたどると、今度は急な上り坂が待っている。「今日初の上りですね」と森さんがロープを握ってぐいぐいと上って行く。上り切ると、再びなだらかな尾根道である。

大倉山の頂上に到着

下草を刈る平澤さん

大倉山の山頂近くには、尾根の景色を楽しむ絶好の展望所がある

ロープを握りしめて急坂を乗り越える

大倉山の頂上はそこから少し行ったところだ。最後の急坂を、ロープを頼りに上ると、木々に囲まれた道の真ん中に三角点があった。木の枝に掛かった小さな板からは「大倉山」の文字がすっかり消えてしまっている。

この山頂自体は何の変哲もないただの通過点だ。が、そこから30メートルほど足を延ばすとブナの原生林の南側が大きく刈り払われた見晴らし抜群の場所に出た。

目当ての山々が眼前に広がる。左側には赤堂山から月ケ原山、多子津山と続く尾根、右手に見えるのは三輪山、成ケ峰、口三方岳《くちさんぼうだけ》だ。真正面には高三郎山が、一帯の盟主のような顔をして山容を誇っている。

秋の恵み、キノコも豊富

「奥深い感じがしますね」とため息をつく仲間たち。眺望を楽しみながら昼食をとり、下山を始めると、4人連れの女性が上ってきて挨拶を交わす。我々同様、一足早い紅葉を求めてきたのだろうか。

帰りは、図鑑を片手に紅葉の予習をしながら、元来た道をたどる。ミズナラの根元に往路では気が付かなかった大量のナメコを見つけた。

急きょキノコ図鑑を取り出して辺りを見渡すと、ナラタケらしいキノコや毒性の強いニガクリタケも顔を出している。多くはナラ枯れした樹木から生えている。ブナの実やドングリが少なく、人里に出没するクマたちに心を痛めながらも、仲間たちは秋山の恵みに興奮気味だ。

大倉山と順尾山の大きな鞍部《あんぶ》のすぐ上まで戻ると、先ほどの平澤さんたちが休憩をとっていた。その先に、きれいに刈り払われた道が登山口まで続いていた。

サルノコシカケも顔を出す

おすすめの湯

銭がめ

横谷町から板ケ谷の集落に下りるとすぐ、豪華な古民家が現れます。ここは岩魚、山菜、鍋料理旅館「銭がめ」で、立ち寄り湯ができる天然温泉があります。浴場は広くはありませんが、古代檜《ひのき》風呂の湯船につかると、肌全体がスベスベしてきます。源泉名は湯涌板ケ谷温泉。泉質はナトリウム、カルシウム、硫酸塩、塩化物で、神経痛や筋肉痛、冷え性、慢性婦人病など幅広い効能があります。

建物は加賀百万石の前田藩主が鷹《たか》狩りの際に休息したと伝えられる庄屋屋敷で、江戸時代から300年続く欅《けやき》造りの本館の豪華さには、足を踏み入れただけで圧倒されます。山歩きの後に汗を流し、黒光りする欅造りの間で囲炉裏を囲めば、自慢話の種がまたひとつ増えそうです。

金沢市板ケ谷町イ50
076-235-1426
営業時間 11時～21時
定休日 無休
料金 500円

10 奥獅子吼山《おくししくやま》

標高 928.1m

参考コースの所要時間
約2時間20分

気軽に豊かな自然と眺望満喫
草花も夏から秋へ“衣替え”

山中では
リョウブや
ヤマモミジが
迎えてくれた

林道開通で人気急上昇

市民に人気がある山というのは、登山道が整備されている、山頂からの見晴らしが良い、いつでも気軽に出かけられる、それでいて豊かな自然が残された奥地の雰囲気があるという、けっこう厳しい基準をクリアしているところが多い。奥獅子吼山《おくししくやま》がその仲間入りをしたのは、2005(平成17)年10月のこと。犀川沿いの金沢市駒帰町《こまがえり》と白山市白山町(旧鶴来町)を結ぶ林道犀鶴《さいかく》線の開通がきっかけだった。

それまでは、ゴンドラを使って獅子吼高原から向かうルートか、麓《ふもと》から急坂を上って月惜峠《つきおしみとうげ》を経由するルートがあったが、いずれも山頂にたどり着くまで3時間以上を要する、文字通り奥深い山だった。これが林道開通により、わずか1時間半足らずで見晴らしの良い山頂に立つことができるようになったのだ。しかも、道はよく

参考コース スタート 林道犀鶴線登山口 ▶30分▶ 樹木公園分岐 ▶30分▶ 板尾分岐 ▶20分▶ 奥獅子吼山 ▶10分▶ 板尾分岐 ▶25分▶ 樹木公園分岐 ▶25分▶ 林道犀鶴線登山口

杉木立を抜けたところに高圧鉄塔

ミヤマクワガタを発見

■おすすめの季節

林道犀鶴線が通行できる季節なら、一年中楽しめる。とりわけヤマモミジが色づく秋は、山頂からの見晴らしもよい。

■アクセス

白山市の白山町から鶴来浄水場に向かい、浄水場を過ぎた先を左折して林道犀鶴線を辿って登山口がある峠に向かう。

■アドバイス

林道の状況は事前に問い合わせを。駐車場から北に少し歩いたところに簡易トイレがある（春から秋）。水場はない。

■お問い合わせ

パーク獅子吼
✆076-273-8449
県土木事務所林業水産課
✆076-272-1965（林道状況）
●国土地理院地形図
2万5千分の1地形図
「鶴来」「口直海」

奥獅子吼山の全景

整備されて、高低差がほとんどないのだから、人気が急上昇するのも当然のこと。晴れた日に、このコースで人と会わない方が珍しい心憎い山なのだ。

そんな人気コースを歩こうと、鶴来にあるしらやまさん道の駅で仲間たちと待ち合わせた。やってきたのは、今回山歩きに初挑戦の沙弥香《さやか》さんだ。ジャズダンスをやっているという沙弥香さんに、「それなら大丈夫」と仲間たちが太鼓判を押す。

スタートは杉木立から

鶴来浄水場から林道犀鶴線に入り、約600メートルを車で一気に上ると、獅子吼高原と奥獅子吼山を結ぶ尾根越えの峠に差し掛かる。林道開通記念碑があり、「森林レクリエーションなどを推進していく上において…」と林道開通の意義がうたわれている。

記念碑の道路を挟んだ右手には、広い駐車スペースがある。長雨の翌日だからか、1台の車も止まっていなかった。「今日は誰にも会わないかもしれませんね」と言いながら身支度をして、奥獅子吼方面の案内標識の脇から、丸太の階段伝いにひと上りする。

すぐに杉木立に入る。倒木を乗り越して20メートルほど進むと、前方が明るくなり高圧鉄塔が見えてきた。大きく開けた西斜面から、内川の谷を隔てて水葉山《みずはやま》や国見山一帯が見渡せる。

雨が続いたせいで、道にはぬかるみが至るところにある。下草が刈り払われたばかりの道を上ると、リョウブが生い茂る水平道に変わり、すぐに最初のぬかるみが現れた。沼地になっているところだ。左脇の木につかまり、靴を汚さないように通過する沙弥香さん。そのすぐそばで青いイガに包まれた山栗を拾っていたら、山ガール1人を含む5人パーティーの若者が追いついてきた。「あとどれくらいかかりますか」と聞かれて「1時間ほどですよ」と答えると、「ではまた山頂で」と軽快に追い抜いて行った。

ホオノキやモミジが出迎え

そのすぐ先のプラスチック板の階段を上ると、両手を広げて万歳したようなホオノキが迎えてくれた。二つ目のぬかるみを過ぎると、再び階段だが、このコースの上りにすっかり安心している仲間たちは、「今日一番の上りかもしれませんね」と言いながらも目が笑っている。

三つ目のぬかるみは、麓にある林業試験場の樹木公園からの急坂が合流する個所にある。ヤマモミジやホオノキに包まれて、ちょっと薄暗い中をしばらく進み、ひと上りすると明るい尾根道になった。

眼下に手取川や鶴来の街並み

雪の重みで曲がりくねったミズナラの古木が4本ひとかたまりになって立っている。その先で溝状の道を緩やかにカーブしながら上ると、右手が大きく刈り払われた場所に差し掛かった。眼下には手取川の蛇行と鶴来の街並みが広がり、右方向には、スカイ獅子吼の芝生広場が見える。

ヒメコマツが数本、右手の樹林の中に見える。足元に咲くのは白いヒヨドリバナだ。ヒヨドリは俳句では秋の季語だそうだ。そのヒヨドリが啼《な》くころに咲くという。

道の脇から黒い羽根に白いま

至るところにぬかるみ

晴れた日は北アルプスまで見える

だら模様のカミキリムシが這《は》い出してきた。「クワガタだったら子どもに持って帰ってやるんですが」と言いながら山岸カメラマンがレンズを向ける。雨上がりなので、周囲にはまだモヤが垂れ込めている。黄色いキンミズヒキがところどころに咲き、オオカメノキの実は赤から黒に変わろうとしている。

山中で意外な出会い

間もなく白山市河内の板尾方面への分岐に到着した。山岳修験者が修行した宿ノ岩《しゅくのいわ》へと続く道だ。ホッツジやハギが花をつけ、ススキが穂を出し始めている。

奥獅子吼山が間近に迫ったところで、山岸カメラマンが足元を横切ろうとしているクワガタを

オカトラノオ

秋の気配を感じさせるヒヨドリバナ

ツリガネニンジン

赤から黒へ変わるオオカメノキの実

コバギボウシ

ハギの花

発見。「おっ、いた」と小躍りして、さっそくビニール袋に納めている。

そこへ年配のご夫婦がやってきた。「あっ、どうも」と顔を合わせて「あれっ」と声が出た。北國新聞文化センターの登山教室で講師をしている石森長博さんだった。この日はスカイ獅子吼からのコースを上ってきたという。石川県山岳協会の理事長を務め、日本山岳修験学会の会員でもある石森さんに、越前禅定道のことをいろいろ教えていただいてお礼のメールを差し上げた直後だったので、立ち話についつい花が咲く。

晴れた日は北アルプス望む

最後のぬかるみを過ぎ、オカトラノオが咲く草地を抜けると、あと少しで山頂だ。丸太の階段をほんの2、3分上れば、なだらかな広い山頂が顔を出す。先行していた若者グループが待っていてくれた。金沢からやってきたこのグループは、「バスケつながり」なのだそうだ。「去年から山登りを始めたばかりですが、やってみたらハマッてしまったんです」とチームリーダーの伊藤博信さん(41)。伊藤さん以外は全員が20代で、麓のゴンドラ乗り場から登ってきたという。身体能力もやる気も有り余っていそうだ。

あいにくの曇り空で、白山眺望とはいかないが、「晴れた日には北アルプスまで見えるよ」と西の方角を指差しながら説明してくれる石森さんの言葉に耳を傾ける。

「じゃあ、帰りは駆け下るか」と若者たちが山頂を後にする。石森さん夫婦も「それじゃ、一足先に」と腰を上げる。山頂での交流を終えて昼食をとっていたら、今度は女性が1人やってきた。本当に人気がある山なのだ。

草むらにはツリガネニンジン、オオバギボウシとバトンタッチしたばかりのコバギボウシも淡い紫色の花をつけている。夏から秋へ、奥獅子吼山では一足早い衣替えが始まっていた。

山好きの仲間との出会いも楽しい

おすすめの湯

有松温泉元湯 れもん湯

心地よい汗をかいたところで、国道157号線で有松温泉元湯「れもん湯」に向かいました。3階建ての大きな建物の玄関をくぐり、落ち着いた雰囲気の浴室に向かいます。中には温泉バイブラ浴槽、流れ風呂、ジェットバス、打たせ湯、サウナなどがあって、山歩きで疲れたあちこちの筋肉をほぐしてくれます。熱めの湯は黒に近い茶色ですが、浸かるとしっとりしてきます。泉質はナトリウム塩化物・炭酸水素塩泉。れっきとした温泉なのですが、先入観なのか、どこか銭湯の趣きがあって庶民としてはホッとします。体を温めたところで欲張って浴槽の裏手にある白い色をした風呂に突入したら、なんと水風呂。満足度指数にちょっと水をさされました。

金沢市有松3-11-6
✆076-243-0626
営業時間●10時～23時
定休日●月曜
料金●420円

11 西《にし》山《やま》

標高 857m

参考コースの所要時間
約1時間15分

気楽に登って霊峰間近
足元彩る花々にうっとり

山頂では
白山が迫って
見えます

初心者にもってこいの山

2010年の9月は、2回、白山を眺めに山に出掛けた。1回目は、岐阜の石徹白から三《さん》ノ峰《みね》、別山《べっさん》、御前《ごぜん》ケ《が》峰《みね》、大汝峰《おおなんじみね》、四塚山《よつづかやま》、長倉山《ながくらやま》と、白山信仰登山でにぎわった、かつての禅定道を歩いた。

それから1週間足らずで、季節は記録的猛暑から涼しい秋へと一変。すると、また白山が見たくなった。今度は気楽に登って、かつ間近から白山が拝める場所にしようと決めたのが、今回紹介する西山《にしやま》だ。初心者にはもってこいの山である。

金沢方面から国道157号線で白峰へと向かう。桑島を過ぎ、白峰の交差点からさらに3キロほど勝山方面に走ると堂《どう》ノ森《もり》の集落が見えてくる。「白山セミナーハウス望岳苑《ぼうがくえん》」の大きな標識に従って右折して、きれいに舗装された林道白木峰線に入り、ゆったりとカーブを描きながら高度

参考コース スタート広い駐車場・登山口 ▶30分▶ 林間広場・山頂 ▶35分▶ 林道 ▶8分▶ 広い駐車場・登山口

■ **おすすめの季節**
よく晴れた日ならいつでも楽しめる。

■ **アクセス**
国道157号線で白峰の大道谷集落へ。白山セミナーハウス望岳苑の案内に従って林道白木峰線でセミナーハウス入り口を過ぎ、あずまやの先にある登山口へ。

■ **アドバイス**
トイレ、水場はセミナーハウスにある。駐車スペースはとても広く、駐車場から白山が間近に見える。

■ **お問い合わせ**
望岳苑
076-259-2288
●国土地理院地形図
2万5千分の1地形図 「北谷」

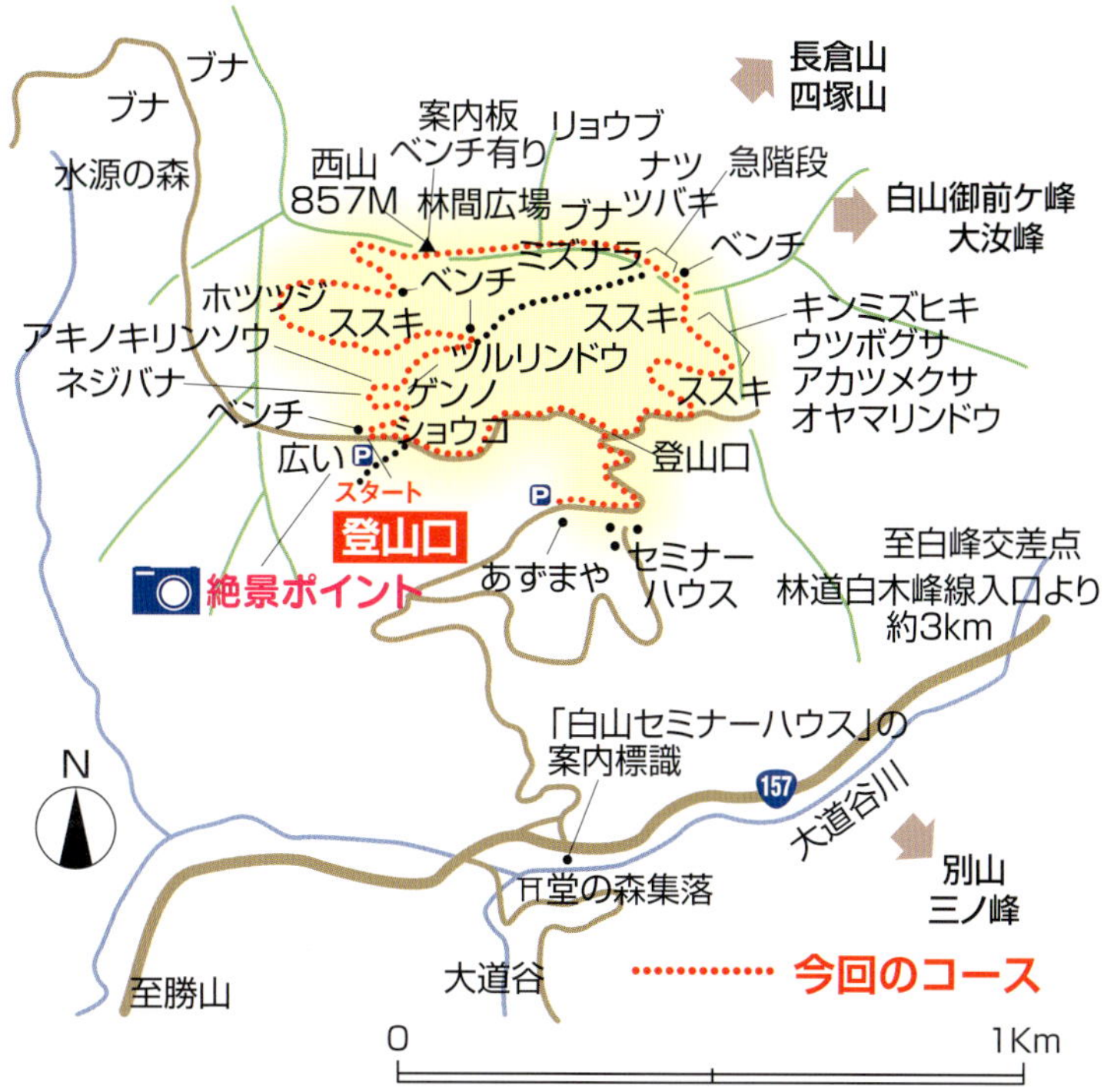

なだらかな西山の全景

を上げる。

一帯は白山パノラマ公園に

　一帯はもともと桑畑が広がっていたところだが、現在は「住みやすい中山間地域づくり事業」により、高山植物を育てる温室や白山麓伝統の出作り農業体験施設、炭焼き体験施設などが並ぶセミナーハウス、グラウンドやハイキング用の遊歩道が整備された「白山パノラマ公園」となっている。

　あずまやの前を通り過ぎ、左へ大きくカーブすると、山腹に沿って緩やかな蛇行が始まる。右手から作業道が合流し、そこからさらに走ると左手に広い駐車場が現れた。

　スタート地点は道路を挟んだ右向かいだ。登山口にあるパノラマコースの案内板に10本ほどの杖が立てかけられている。さっそくその杖に手を伸ばした森はづきさんとともに、丸太と丸太の間隔が広いなだらかな坂道をゆっくりと歩き出す。

色彩豊かな花々が出迎え

　最初に顔を出した花は、下痢《げり》止めに効く薬草の白いゲンノショ

木の杖を手にスタート

ウコだ。続いて草むらの奥に、薄紫のツルリンドウを見つける。秋を代表するヨメナやアカツメクサが至るところに咲いている。

30メートルほど歩いて右へ曲がると、やや傾斜がある道に変わる。道端には黄色いアキノキリンソウ、ピンクのネジバナの姿が見える。次々現れる色鮮やかな花に、山岸カメラマンが片っ端からレンズを向けている。

ひと上りすると、分岐の脇にベンチが置かれていた。「ひと休みしましょう」と森さんが腰掛ける。「まだ5、6分しか歩いていませんよ」と言いながら山岸カメラマンも隣に腰を下ろす。どうやら仲間たちは、頑張らなくてもいい山だと数分で見抜いたようだ。

雲上に浮かぶ尾根

そこから左へ向かうと前方が開け、旧キリンビール工場の水源となった森が視界に入る。しばらくすると、一面に広がるススキの穂先越しに、三ノ峰から別山へと延びる尾根が、たなびく白い雲の上に浮かんでいるのが見える。

柵が付けられた桑畑の跡

薄紫のツルリンドウ

ヨメナ

ホツツジ

キンミズヒキ

ネジバナ

ウツボグサ

ゲンノショウコ

左へ大きく曲がると再びベンチが登場だ。ここは通過して、日差しに輝くススキの向こうの山々を眺めながら、ぶらりぶらりと歩いて行く。桑畑の跡だからか、ところどころ山の地肌がむき出しだ。土砂が流れないよう取り付けられた柵の回りに、ホツツジが花をつけていた。

スタートから、山頂の林間広場まではたった30分で到着だ。ここにもベンチが二つ置かれている。案

山々を眺めのんびり山歩きを満喫

ススキ越しに見える三ノ峰から別山

内パネルの前に立つと、眼下に白峰スキー場のゲレンデ、その向こうに四塚山から長倉山に連なる長い尾根が続いている。

すぐ下にある草地の広場からは、東に白山の御前ケ峰、大汝峰、南には御舎利山《おしゃりやま》から別山、三ノ峰へと続く尾根が、手に取るように見渡せる。

ブナの落ち葉踏みしめ下山

白山の眺望を心ゆくまで楽しんだら、東に延びる尾根の樹林の道に足を踏み出し、下山開始だ。少し下るとすぐにホオノキやナツツバキ、リョウブに包まれた平らな道になる。

道幅は広く、よく踏まれた落ち葉の上を快適に歩き進むと、ブナが現れ始める。根曲がりミズナラが2本あり、その脇を過ぎると道は丸太の急階段になる。そこを大きく下ると、スタート地点に近い分岐へとつながる道が右手から合流した。

山頂では白山の尾根が手に取るように見渡せる

ススキに覆われた山腹

丸太の急階段を下ると分岐がある

ここは左へ進み、最後のベンチの前を過ぎると、ススキに覆われた起伏の少ない山腹に出た。下草刈りはされていなかったが、もともと農道だったのだろうか。何の不自由もなく歩くことができる。

足元にはキンミズヒキが黄色く輝き、ススキの大群落のすき間にリンドウ（オヤマリンドウ）が数株、紫紺の花をつけている。続いて赤紫のウツボグサが二つ、濃いピンクのゲンノショウコもあり、秋本番を前に、咲き遅れては大変と花々が競い合っているように見える。

車止めまで戻ったら、あずまやで昼食にする。熱中症になることもなく今年の夏の里山を歩き回った仲間たちと焼肉に箸を伸ばせば、紅葉の山をテーマに話がはずむ。難易度の高い山も達成感があって楽しいけれど、肩の力を抜いた山歩きも、たまにはいいものだ。

おすすめの湯

白峰温泉 御前荘

いつまで眺めても飽きない白山。その続きはお湯に浸かってと、リゾート施設「緑の村」にある、白峰温泉「御前荘」に向かいました。地続きになったすぐ下の「ふるさと交流センター・白山天望の湯」と並んで建つ宿泊施設・御前荘の源泉は、白峰温泉の1号泉で、全国でもめずらしい純重曹泉。肌が絹のようにツルツルになることから、絹肌の湯とも呼ばれています。

浴室に入ると東側が大きなガラス張りになっていて、そこから白山が飛び込んできます。自然石で作られた広い浴槽に浸かり、白山を眺めながら白峰温泉特有のヌルッとした感触を楽しみました。有名マラソン選手が立て続けに6回も入ったという1号泉。解放感がいっぱいです。

白山市白峰ツ112-3
✆076-259-2224
営業時間●12時～20時
定休日●木曜
料金●800円

ブナ林を落ち葉を踏みしめて下山

12 医王山《いおうぜん》

標高 896m

参考コースの所要時間
約5時間45分

日本海、白山、宝達山を眺望
サンショウウオもお出迎え

澄んだ
大沼にトンビ岩
が映り込む

金沢ふれあいの里にさしかかったのはある夏の日の午前6時50分。すれ違う車もなく、まばらな人家にも人影はない。キゴ山スキー場の裾野《すその》一帯には、朝露をまとってキラキラ光るお花畑が広がっている。

ユキツバキが群生

スタートは見《み》上《あげ》峠だ。支尾根をはさんで走る車道と、ほぼ並行している登山道に足を踏み入れる。ミズナラとリョウブに覆われた道は、すぐ杉の造林地へと変わる。明るい杉木立の中を20分ほど

参考コース

スタート 見上峠 ▶60分▶ 西尾平 ▶25分▶ しがらくび ▶25分▶ 覗 ▶20分▶ 大沼 ▶10分▶ 三蛇ヶ滝 ▶25分▶ トンビ岩 ▶30分▶ 登山口（宮乃谷口）▶30分▶ 覗乗越 ▶25分▶ 小白兀 ▶5分▶ 白兀 ▶30分▶ しがらくび ▶60分▶ 見上峠

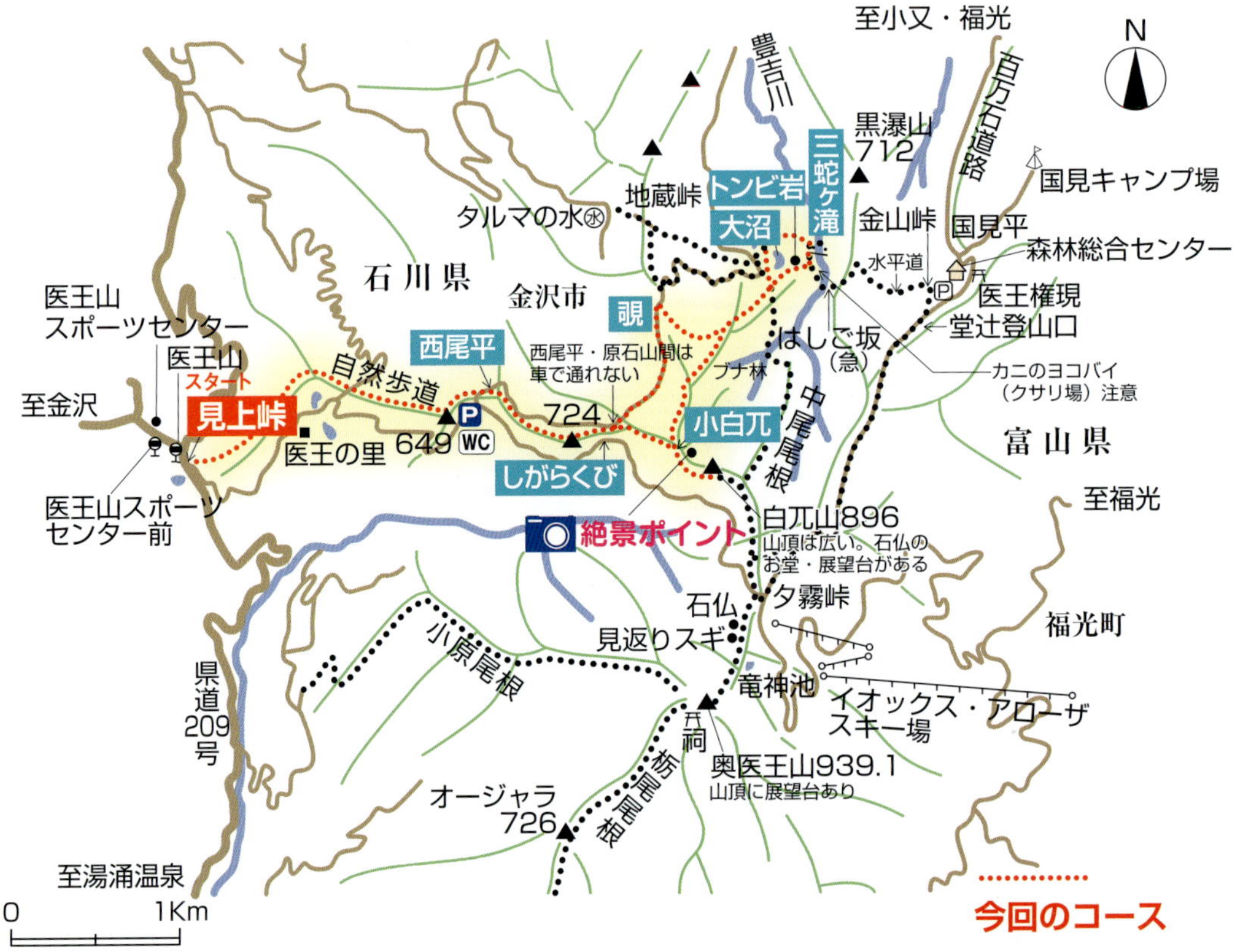

おすすめの季節

新緑の5月、紅葉真っ盛りの11月が最高。夏場は三蛇ケ滝での水遊びを組み合わせるコースがおすすめ。

アクセス

金沢市街から主要地方道10号を経て、県道209号に入り、医王山バス停前へ。登山口はトイレのすぐそばにある。

アドバイス

特に危険なところは見当たらないが、油断は禁物。途中の鳶岩は岩登りの初心者でも、簡単に登れるやさしい岩場だが、少し高度があるのでくれぐれも慎重に。トイレは西尾平、大沼にあり、水場は三蛇ケ滝の沢水を利用する。

お問い合わせ

金沢市役所
☎ 076-220-2194
●国土地理院地形図
2万5千分の1地形図
「福光」

ヒメシャガ（5月中旬から6月上旬）

タムシバ（4月下旬から5月中旬）

みずみずしい微風が吹くブナ林。心が洗われるような気持ちになる

行くと、水場に出た。

ユキツバキが群生し始めると杉林に別れを告げる。ブナ、ミズナラ、リョウブ、そしてユキツバキが目に留《と》まる。医王の里バンガロー村を経て、西尾平から少し上ったところで、白兀山《しらはげやま》へと続く「しがらくび」の登り口に出る。車道脇には広場があり、軽自動車が1台止まっていた。

林道を覗《のぞき》へと向けて歩きだす。ヤマボウシとタニウツギの出迎えを交互に受けながら進むと、やがて広く開けた覗に出る。広々とした丘からは、金沢の町並み、日本海、そして遠く能登の最高峰・宝達山《ほうだつさん》まで見渡せる。

大沼《おおいけ》へ下る右手に遭難碑がある。「昭和三十八年一月三日桔梗《ききょう》ガ原《はら》にて」とある。薬師岳で愛知大山岳部の13人がコンパスを持たずに方角を見失って遭難したのと同じ日だ。あの「三八豪雪」が招いた悲劇だったようだ。

そそり立つトンビ岩

大沼に下り立つ。一帯は遊歩道が整備されていて、ブナの樹林と大小の沼や湿地が散策できる。大沼からトンビ岩を見上げる。朝日を背にして、逆光の中に黒々とそそり立っていた。

一服して三蛇《さんじゃ》ケ《が》滝《たき》へと向かう。

10分ほどで、ちょっとした河原に出た。草地にはベンチが三つ、滝を眺めながら一服できるようになっている。とにかく大休止。ラーメンとコーヒーで朝食だ。口をモグモグしながら沢に目をやる。イワナはいないが、大沼と同じようにサンショウウオを見つけた。

腹がふくれたところでトンビ岩

三蛇ケ池で一服

鳶岩から大沼平を見下ろす

眺望が良い小白兀

へ向かう。クサリ場になっている背中坂は、比較的やさしい岩場だが、高度があるので油断は禁物。振り返ると、黒瀑山《くろたきやま》へと突き上げる急斜面の山腹は、ヤマボウシの白で埋め尽くされている。朝というのに日差しが強くて、途中何度も汗をぬぐった。

野鳥観察のご夫婦に会う

トンビ岩から大沼を見下ろす。ハイカーだろうか、赤い人影が動いている。ちょっとヤセた岩稜《りょう》帯をやりすごし、覗乗越《のぞきのっこし》にさしかかったところで、ブナの木にもたれるように立っている男性に出会う。「コンニチハ」と声をかけそうになったが、見ると双眼鏡で樹林を追っている。野鳥観察のようだ。最後の「ハ」を小声にして通り過ぎると、そのすぐ先にも双眼鏡の女性がいる。ご夫婦でバードウオッチングのようだ。森は野鳥たちの鳴き声でにぎわっていた。

ゆるやかな上りのブナのトンネルをくぐり、小白兀《こしらはげ》に出る。しがらくびへの下山口となっていて、奥医王山から金沢市街が一望できる。

白兀山頂はここからすぐだ。祠《ほこら》の前のベンチで一服していると、先ほど出会ったご夫婦がやってきた。「マメジロだと思うんですがねえ」とご主人。「ヤマガラ、アカゲラ、それにホオジロも見ましたよ」と奥さん。金沢市内に住んでいて、「ここにはよく来るんですよ」と木陰に並んで腰を下ろす。

展望台に上がってみる。奥医王山の向こうに大門山、奈良岳、その右手に大笠山《おおがさやま》、笈ケ岳《おいずるがだけ》、そして白山がうっすらと拝める。

「それじゃあお先に」と、山頂を後に速足で、しがらくびまで下りる。帰路はもちろん車道歩き。目指すのは医王の里総合案内所に設置されているビールの自販機である。左手を腰に当て、右手でグイとあおる、あの瞬間がたまらないのだ。

身も心も満ち足りたところで見上峠へと下っていたら、右手の山腹でガサッと音がして、目の前にカモシカが現れた。医王山が金沢市民に愛されてやまないわけがうなずける。

魚止めの滝。菱池谷（ひしいけだに）源流部にある滝。滝へ向かう道はなく、沢登りの技術が必要だ。

サワグルミの巨木群

おすすめの湯

浅の川温泉 湯楽

石川と富山をまたぐ医王山にほど近い「浅《あさ》の川《がわ》温泉 湯楽《ゆらく》」。52度の高温で湧《わ》き出す温泉は、湯量も豊富、成分はほのかな硫黄《いおう》臭が漂うナトリウム・カルシウム―塩化物・硫酸塩泉で、神経痛や関節痛をはじめ、切り傷や慢性皮膚病などに効能がある。

露天風呂やジェットバス、ジャグジー、サウナも完備されている明るい雰囲気の浴場は、随所にお年寄りや体の不自由な人に配慮したバリアフリー設計。浴槽には手すりが付けられ、介添《かいぞえ》人がいる場合に限りだが、入浴用車いすの無料貸し出しも可能。お年寄りや子ども、体の不自由な人も安心して温泉浴を楽しめる。

掛湯にはアルカリイオン水を使用しており、お肌の大切なコラーゲンを守り、潤いのあるお肌になれる女性にうれしい軟水という。大人350円と銭湯より格安の入場料も魅力だ。

金沢市東町ロ80　☎076-235-1126
http://www.yuraku-onsen.jp/yuraku.shtml
営業時間●8時～22時
定休日●月曜（祝日の場合は翌日）
料金●大人350円、子ども130円、
未就学児50円

13 前《まえ》高《たか》尾《お》山《やま》

標高 763.1m

参考コースの所要時間
約1時間40分

竹久夢二も歩いた山道
眼下には湯涌温泉の街並み

金沢や
福光の街を
一望

「夢二の宵待草《よいまちぐさ》に〃本歌〃あり?」

という記事を北國新聞で読んだ。夢二とは、画家で詩人だった竹久夢二。「宵待草」はもちろん、あの流行歌

〃待てどくらせど来ぬ人を宵待草のやるせなさ〃で始まる流行歌である。この「宵待草」の原詩が、明星《みょうじょう》の歌人・石上露子《いそのかみつゆこ》の「小板橋」を本歌としているというのだ。どちらも、恋の苦しさを訴える点で共通しているのだそうだ。

文芸には縁が薄いので、「ふーん」と読み流していたら、この石上露子の自伝に「夢二さんが書いて下さった二本の扇子は、恋の詩と石川の月見ぐさ」

という記述があると続いていた。

月見草＝宵待草→湯涌《ゆわく》温泉→恋の逃避行……。にわか文芸推理家になったところで、初秋の湯涌温泉に向かった。もちろん「宵待草」との直接対決は避けて、まずは高尾山から湯涌の町

参考コース　スタート 登山口 ▶ 20分 ▶ 送電線鉄塔 ▶ 40分 ▶ 前高尾山 ▶ 40分 ▶ 登山口

■おすすめの季節

春から初冬まで、シーズンを通していつでも楽しめる。

■アクセス

金沢市街から主要地方道10号で湯涌温泉へ。温泉入り口にある「湯涌温泉」バス停から百万石文化園方向へ右に入り、道なりに進む。その先の送電線の高圧鉄塔下の車止めで駐車する。すぐに登山口がある。

■アドバイス

危険なところはないが、地面が粘土質で岩交じりで樋状の道は滑りやすいため慎重に。吉次山まで足を延ばす場合は、ブナ林の赤いペイントを目印にしながら進む。道に迷わないか心配な場合は、木の枝などに目印の赤布をつけるとよい(帰りにはかならず赤布をはずすこと)。野生のクマの生息地なので、食べ物を捨てないように。トイレはなし、水場は登山口そばの枝沢で。

■お問い合わせ

金沢市役所　☎ 076-220-2194
●国土地理院地形図　2万5千分の1「湯涌」

宵待草（オオマツヨイグサ）の花

紅葉を前に陽光にきらめく木々

を眺めてみることになった。

夢二も通った道を上る

金沢湯涌江戸村を経て林道の終点に着く。送電線の鉄塔下に車が置けるスペースがある。いつもなら「よしっ」と掛け声でスタートするのだが、今回は下山後に解決しなくてはいけないテーマがたくさんありそうで、誰《だれ》からともなく杉林に続く登山道へと歩きだした。

5分ほど歩いたところで、ケヤキの根が巨岩にからみついた、通称「タコ岩」にさしかかる。先入観をもって眺めれば、確かにタコが獲物を捕らえた時の格好に似ている。

道はいったん鉄塔の下に出て、そこからブナ、ミズナラ、リョウブ、ユキツバキなどに包まれた緩やかな傾斜に入る。この道は夢二も

頂上を目指し杉木立の中を行く

岩にからみついた根が奇観を見せる「タコ岩」

通った道。弁当持参で夕方まで宿に帰らないこともあったらしい。

苔《こけ》むした岩盤伝いにしばらく登ると、いったん水平道に出る。木々は朝日を遮り、秋の空気がひんやりと体を包む。雑木のトンネルを抜け、2度目の上りに入る。小ぶりの山栗《やまぐり》が二つ、三つ、足元に落ちている。再び水平道に出る。こんどは少し明るく、道幅も広い。周囲のブナは、だんだん大きくなっていく。

ここから先の上りは、地面が雨でえぐられ、樋《とい》状となった狭くて歩きにくい道だ。丸くなった岩混じりで、なんとなく滑りそうだ。そんな中を進んで行くと、前高尾山と奥高尾山の分岐にさしかかる。目指すのは前高尾山。左の方へちょっと登ると、すぐ山頂に出た。

夢二と彦乃の逗留先へ

正面に医王山が迫り、右手には福光の街が見える。眼下には湯涌温泉、その先に金沢の街、遠くかすかに能登の最高峰・宝達《ほうだつ》山も浮かんでいる。

山頂には、湯涌温泉を火災から守ってもらおうと祀《まつ》られた八手観音の祠《ほこら》がある。中には、小さな折りたたみ椅子2脚、傘1本、そして登山ノートがある。最後のページをめくり、前日に登った人のメモにびっくりした。「『白山山系とっておきの33山』の白山、医王山、大嵐山《おおあらしやま》に続き高尾山に。次は口三方《くちさんぼう》に登ります」とある。うれしくなって、「『越前・若狭魅力の日帰り40山』もよろしく」と書いてしまった。

拙著の宣伝を終えたところで軽く腹ごしらえをして、そのまま湯涌温泉にある「お宿・やました」に向かう。竹久夢二が彦乃《ひこの》と逗留《とうりゅう》した山下旅館である。平日なら入浴のみも可と聞き付けて、さっそく露天風呂に入れてもらう。

「湯涌なる山ふところの小春日

柔らかな木漏れ日

頂上から医王山を望む

に　眼とぢ死なむときみのいふなり」

フロントには、歌集「山へよする」の一節が、夢二直筆の湯上がり美人の掛け軸といっしょに飾られている。

続いて、山下旅館のすぐ前の総湯と並んで建っている、「金沢湯涌夢二館」へ。夢二の創作のエネルギー源だった恋の遍歴に「要するに女好きだったんですね」と山仲間は容赦《ようしゃ》がない。しかし芸術家にはそういうことが許されるうらやましい風潮があるのは確かのようだ。

「待てど暮らせど来ぬ人を」には、もうひとつ興味深い話がある。戦前吹き荒れた左翼弾圧の嵐の中で、活動家たちが連絡をとり合うための「レポ」をこっそり渡す。そのことを詠んだ詩だという。左翼運動に関わっていた夢二。「今宵は月の出ぬそうな」…と。

木々の間から差し込む光が心地よい

おすすめの湯

湯涌温泉総湯 白鷺の湯

金沢市の中心部から車で20分ほどの所にある湯涌《ゆわく》温泉は、山あいにたたずむ静かな温泉街だ。加賀藩御用達の「隠し湯」として歴代の藩主が湯治《とうじ》に訪れ、重用された。

バリアフリー仕様で、浴室は広くゆったりしている。女湯には檜《ひのき》風呂や露天風呂があり、好評を博している。よく温まるお湯として有名で、神経痛、冷え症、慢性皮膚病などに効く。飲泉すると、慢性消化器病、胆石症などに効果がある。

湯涌温泉は、画家で詩人の竹久夢二が恋人と至福の時を過ごした地としても知られ、総湯横の「金沢湯涌夢二館」に立ち寄るのもよい。

金沢市湯涌町イ139-2
✆076-235-1380
営業時間●7時～22時
定休日●毎月第3木曜
料金●中学生以上350円、小学生130円、未就学児50円

14 獅子吼《ししく》高原《こうげん》・月惜山《つきおしみやま》

標高 734.4m

参考コースの所要時間
約1時間55分

風雅な名前に誘われ登山
眼下に広がる手取川扇状地

天にそびえる杉木立の中を行く

獅子吼《ししく》高原に月惜《つきおしみ》という峠があるのを知って以来、この「つきおしみ」という響きが気になって仕方なかった。名前の由来は知らないが、その風雅な名前の峠まで歩いてみたくなって5月中ごろ、鶴来へと向かった。

春の山野草が群生

登山口は、パーク獅子吼のゴンドラリフト乗り場のすぐそばだが、もちろんゴンドラの誘惑に負けて一気に上がるなんてのはなしだ。身支度をすませるとゴンドラのロープをくぐり抜けて遊歩道

参考コース スタート **駐車場**（ゴンドラ乗り場）▶45分▶**月惜峠**▶30分▶水場▶30分▶**月惜峠**▶20分▶**スカイ獅子吼**▶5分（ゴンドラ利用）▶**駐車場**

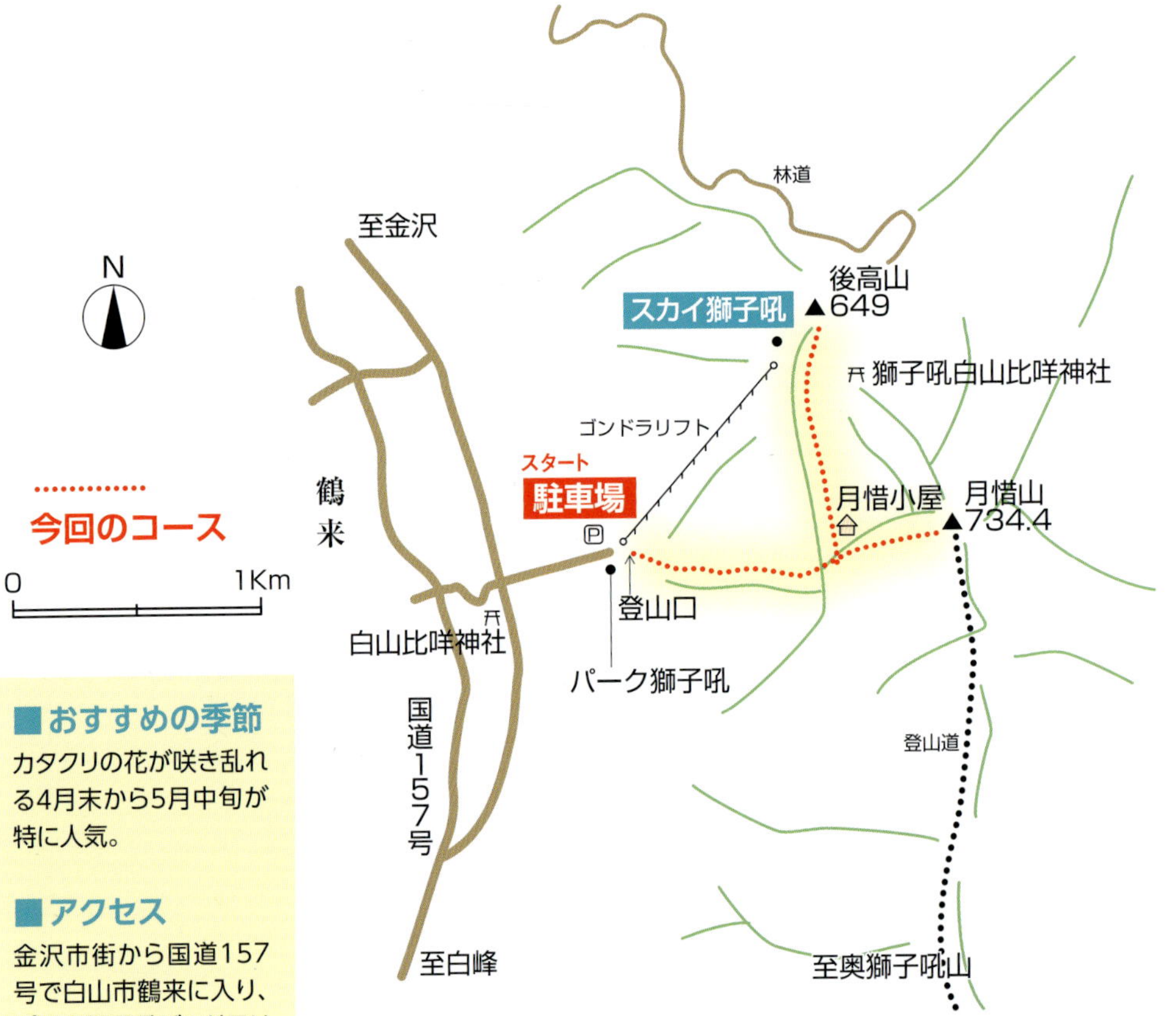

■おすすめの季節

カタクリの花が咲き乱れる4月末から5月中旬が特に人気。

■アクセス

金沢市街から国道157号で白山市鶴来に入り、パーク獅子吼ゴンドラリフト乗り場横の駐車場へ。ゴンドラ乗り場の奥、ゴンドラのワイヤをくぐった左手が登山口。

■アドバイス

起伏があり、上りは少し骨が折れるが、特に危険なところはない。月惜峠から奥獅子吼山に向かう途中、月惜山に水場あり（夏場はなし）。トイレはゴンドラの下り口のスカイ獅子吼にあり。

■お問い合わせ

白山市役所鶴来支所
✆076-272-1111
●国土地理院地形図
2万5千分の1「鶴来」

水場で喉を潤す

倒木をくぐり月惜峠を目指す

急な坂道を登る

を歩きだす。まず、薄紫のシャガと黄色いタンポポ、そしてキンポウゲの群生が目に飛び込んでくると右手に沢が現れる。その沢にかかる橋を渡った尾根への取り付きが登山口になっていて、「クマに注意」の立て札が立っている。

うっそうとした杉木立の中に続く道は、よく踏まれていて歩きやすい。その少し急な坂道を5分ほど進むと、竹林が現れ、腐葉土を突き破ってりっぱなタケノコが顔を出している。そのすぐそばにはウラシマソウだろうか、マムシグサの仲間が、あのマムシが鎌首《かまくび》をもたげたような格好で咲いている。

つづら折りの急坂道にさしかかると、連夜の不摂生《ふせっせい》が汗となって流れ落ち、手にしたハンカチはビッショリ。やっとのことで杉木立の急坂を抜け、明るいミズナラの水平道に出てホッと一息。そこから左にゆるやかにカーブすると、月惜小屋が現れた。ずっと気になっていた月惜峠である。地蔵堂とも呼ばれる小屋の中には、昭和8年に行われたスキー大会で遭難した3人の中学生の霊を弔《とむら》う3体の地蔵が祀《まつ》られていた。

月惜小屋で昼食

まずはこの地蔵に手を合わせ、小屋の前で昼飯にする。ニギリメシにチクワ、タンスモーク、コーヒーという奇妙な昼食をすませたところで月惜山へと歩きだす。ミツバツツジがピンクの花をつけて咲

月惜小屋の前で昼食。いつものビールは、きょうはお預け

沢を渡ると尾根への取り付きになる

ヤブツバキ

キンポウゲ

き誇っている。ホロ苦いアケビの芽があちこちに顔を出している。ヤブツバキもまだ残っている。ただ、このコースの主とも言えるカタクリの花はすでに終わったようだ。潅木《かんぼく》越しになだらかな尾根が奥獅子吼山へと続いている。右手眼下には手取川の蛇行と鶴来の家並みがくっきりと見える。

　しばらく行くと、再び杉の樹林帯が現れる。全体にジメジメし

ホソバテンナンショウ

シャガ

ている道沿いには、ミズナやワサビが自生している。そのすぐ先に、岩と岩の合わせ目からわき出るように、沢水が流れ落ちている水場にさしかかる。手ですくって一口飲む。冷たくてうまい。

下りはゴンドラで

だいたいこのあたりが月惜山だろうとなったところで、峠に引き返してスカイ獅子吼へと向かう。ここは山頂がスキー場になっていて、雪がない夏場でも人工スキー場として楽しめる。そのおかげで、リフトが動いているのを発見。よく見ると、「散歩の方は無料」と書かれている。

渡りに船と一同さっそくリフトに乗せてもらい、まず獅子吼白山比咩神社にお参りしてゴンドラ乗り場へと向かう。ここで濃厚なミルクの味がするアイスソフトクリームを味わったところで、下りはゴンドラ利用。あっと言う間に、パーク獅子吼に降り立った。

獅子吼の語源は、泰澄《たいちょう》大師が白山開山の途中に野宿したところを指す「止宿《ししゅく》」に由来するという説があるそうだが、もうひとつ、有名な鶴来の獅子頭《ししがしら》に由来するという説もあると聞いて、さっそくパーク獅子吼にある知田《ちだ》工房を訪ねる。知田重吉名人に弟子入りしている南さんは、師匠が手掛けた獅子頭の仕上げをしながら「粗彫りは師匠だけが行い、まだ私はさせてもらえません」と言う。密《ひそ》かに粗彫りの練習をしているそうで、親指ほどの小さな獅子頭を見せてくれた。

自然に親しみ、芸術にまで高められた職人の技に触れたら、仕上げは食文化の学習である。もちろん蕎麦《そば》街道とも呼ばれるこの地の名物「鶴来そば」だ。こしのある十割そばとおろしキノコで、メンバー全員胃袋までしっかり学習した。

展望台から手取川を見下ろす

おすすめの湯

めおと岩温泉 ラクヨウ

手取川《てどりがわ》と大日川《だいにちがわ》が合流する高台にあり、清流と緑に囲まれた静かな温泉施設。周辺にはカモシカやサルが時折出没するという。大浴場の壁一面に大きくとられた窓からは、周囲の静かな森が眺められ、晴れた日には白山も望める。雄大な景色を眺め、神経痛や筋肉痛に効能があるお湯につかると、山登りを終えた後の疲れや体も十分にほぐされる。

隣にはゲートボール場1面と室内テニスコートを備えた「ウッディホール」がある。

入浴の前にひと汗流すのもいいだろう。

白山市河内町江津い23-1
076-272-4126
営業時間●15時～21時
定休日●月曜（祝日の場合は翌日）、年末年始
料金●大人370円、子ども150円

15 動《ゆるぎ》山《やま》

標高 604m

参考コースの所要時間
約1時間40分

ロックガーデンの巨石が圧巻
山頂から白山、日本海を一望

木々の間を吹き渡る秋の風が心地よい

あるガイドブックの動山《ゆるぎやま》のページを見たら「動を〝ゆるぎ〟と読む音訓は、どの辞書を調べてもない」と書いてあった。ものは試しにと古語辞典を開いたら、更級《さらしな》日記の「風雨、岩も動《ゆる》ぐばかり降りふぶきて」という例があった。山が動くとなると、これはもう火山活動しか考えられない。探求心が発作的にわいてきたところで、

10月のある日、さっそく大杉谷川沿いの道を、下大杉にある登山口へと向かう。

参考コース　スタート 登山口（白山神社）▶すぐ▶車止め（弘法の水）▶水平道▶20分▶ロックガーデン分岐▶20分▶山頂▶40分▶登山口

N

今回のコース

0　1Km

■おすすめの季節

4月半ばから12月まで、1年中楽しめる。

■アクセス

金沢市街から国道8号を小松方面へ。東山ICから県道161号、大杉長谷線で下大杉町へ。「下大杉」のバス停そばにある白山神社の脇から林道に入ると登山口と車止めがあり、駐車できる。

■アドバイス

軟らかい岩盤の急坂が多い。道幅は広いが登山などの入山者が踏みしめて、地面がツルツルになり滑りやすい。ロックガーデンは、観音岩のすぐ手前を左へ入ったところ。駐車場にトイレあり（古い）、水場は登山口に弘法の水と呼ばれる涌き水がある。

■お問い合わせ

小松市役所観光政策課
✆0761-24-8076
●国土地理院地形図
2万5千分の1
「動橋」「尾小屋」

秋の深まりを告げて一面に咲き誇る大倉岳高原スキー場のコスモス

コスモスを見て登山口へ

　粟津温泉から瀬領《せりょう》町へと抜ける峠越えの道沿いで、まず苔《こけ》の園に立ち寄ってみたが、閉鎖されていた。瀬領町に出たところで、動山から蓮如山《れんにょやま》へと続く尾根をはさんだ東隣、西俣町へと抜ける道が随分りっぱになっているのを確認。「ちょっといいですか」と、そのまま峠を越えて「コスモス祭り」のノボリ旗に誘われて、次は、大倉岳高原スキー場のコスモス調査へ。濃いピンク、薄いピンク、白、色とりどりのコスモスを目で追っていくと、大倉岳へと続く登山道が飛び込んできた。

　小手調べで道草をくって、目的の下大杉に着いたのは午前11時。登山口にある白山神社にお参りをすませると、ドン谷沿いの林道をあたふたと車止めへ。弘法《こうぼう》の水で喉《のど》を潤し、ドン谷に架かる板の橋を渡って登りに入る。アキギリ

登山口にある白山神社にお参り

動山の登山口

動山の全景

ロックガーデンの巨岩（菰掛岩）に圧倒される

だろうか、紫の花をつけている。杉木立が切れて広葉樹に変わると尾根道だ。丸々とふくらんだ山栗《やまぐり》が、弾けたイガの中から茶色い顔を出して、あちこちに落ちている。

すぐにミズナラやアズキナシ、エゾユズリハなどの雑木の中に続く急な登りに入る。粘土質の岩盤に滑りやすそうな苔がついている道は、小松市のトライアスロンコースになっているからか、道の両端がよく踏まれて、幅が広がっている。15分ほど登ったところで水平道に出て、また急な登りに入る。そして、ひと登りで少し長い水平道に出る。登り始めて20分あまり。ひと汗かいたところで一服とする。木々の間からは、動山の山頂が見えてきた。

巨岩を見ながら山頂へ

しばらく登ると、山腹を小さく巻く水平道にさしかかる。左手に視界が開け、北の赤瀬ダムのあたりから、雨後特有の生暖かい谷風が吹いてくる。休憩地点からさらに20分ほど、息が再び荒くなったところでロックガーデンにさしかかる。巨岩がゴロゴロしているところだ。その巨岩見物のための道が左についていて、不動岩とか冠岩とか菰掛《こもかけ》岩とか、それぞれに名前がついている。一番人気は菰

岩屋に大師様が祀られている

登山の途中で見つけた山栗

掛岩だが、下から仰ぎ見ると、まるで殿様蛙《がえる》が立ち上がったような格好をしている。分岐に戻って、観音岩の下に祀られている小さな仏に手を合わせると、ひと登りで山頂に出た。避難小屋の脇を抜けて、木陰がある広場でのんびり昼食をとるとまずは小屋見物。続いて山頂にある方位盤を囲んで、白山火山帯とのつながりを調べる。兜山《かぶとやま》、鈴ケ岳、大日《だいにち》山、富士《ふじ》写ケ岳《しゃがたけ》。西に目をやると、柴山潟《しばやまがた》、木場潟《きばがた》、そして日本海。見晴らしは最高だ。

「ゆるぎ」の由来に納得

下山後、元来た県道を下ると、すぐ近くにある水蕎麦《みずそば》を食べさせてくれる「ゆるぎ荘」に立ち寄る。ご主人が草刈りから帰って来たところで、さっそく動山の名前の由来をたずねると、「はっきりしたことはわからないけど、火山活動で山が動いたとか言われているな。その証拠に、動山から鷹落《たかおち》山《やま》へ向かう途中に、噴火口の跡があるんだ。大池って呼ばれてるところだけどね」と返ってきた。

やっぱりそーだったのか、単純な素人推理と、人々の言い伝えが一致したところで、今回の現地調査に大満足。心を動かせ続けた水蕎麦をすすってイワナの甘露煮にかぶりつくと、そのまま目を細めながら小松市にある温泉・加賀八幡温泉総で調査の疲れをほぐした。

山頂からの眺望を楽しむ

おすすめの湯

加賀八幡温泉総湯

加賀《かが》八幡《やわた》温泉までは、小松市の中心地から車で約10分。小松の温泉地といえば、粟津温泉街の華々しさを思い浮かべるが、この加賀八幡温泉は、民家の立ち並ぶ中にある。

古くからこの一帯は、雪が積もっても周辺より早く解けたと言い伝えられ、昭和39年に温泉が発見された。

広めの浴場には、ゆったりつかれる浴槽や、ジェットバス、バイブロも装備されている。

お湯は無色無臭で、飲むとかすかに塩味がする。利用客からは「肌をスベスベにし、美容によい」との声に加え、「疲労回復の湯」としても人気があるとのこと。そのため、湯治《とうじ》に訪れる年配の常連客が多い。

腰痛によく効き、怪我《けが》の回復を早めてくれるというので、近くにリハビリを専門とした温泉病院がある。

小松市八幡イ14-4　☎0761-47-3269
営業時間●10時～22時
定休日●第2・4金曜
料金●中学生以上420円、小学生130円
未就学児50円

16 倉《くら》ケ《が》岳《たけ》

標高 565m

参考コースの所要時間
約35分

初挑戦の
岩登りを
楽しんだ

岩登り入門に絶好の“ゲレンデ”
気分はすっかりクライマー

夏を迎え、体が心地よい運動を求めている。「岩登りの練習をしましょう」と、金沢市と白山市鶴来の境にある倉ケ岳の岩場に出掛けることにした。さっそく、加賀市の山の知り合いのDさんに、靴やハーネス（安全ベルト）を貸してもらう。

　山行《さんこう》準備で大切なのは、ここからである。場所は手取川のすぐそば。折からアユ漁の解禁だ。電話帳をめくり、鶴来に1軒ある養魚場に連絡すると、「白山比咩神社の前で弟が店をやってますので、よろしかったら」と返ってきた。

参考コース　スタート **駐車場** ▶5分▶ **大池広場** ▶15分▶ **倉ケ岳山頂** ▶15分▶ **駐車場**

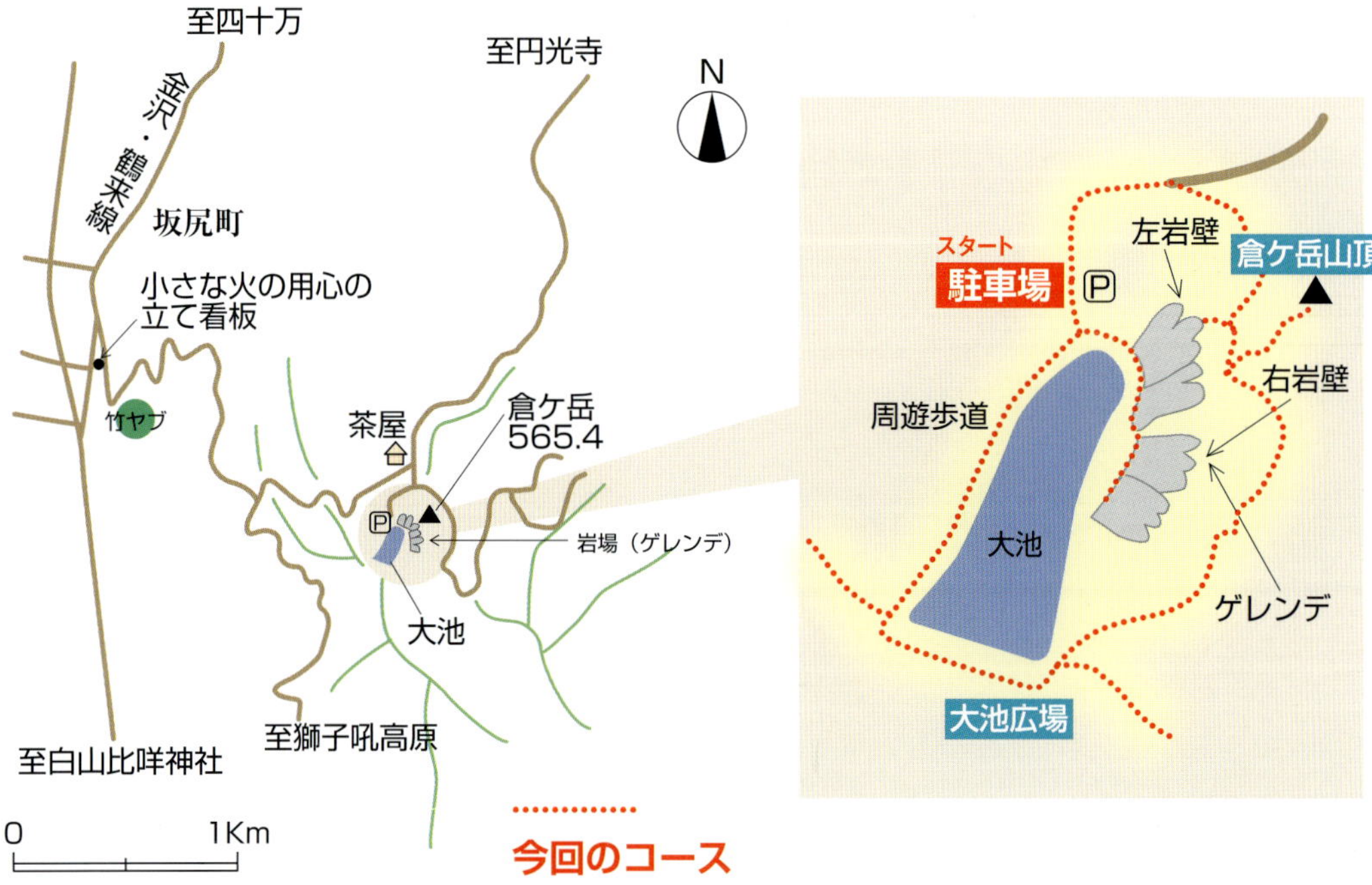

囲炉裏《いろり》があってアユ、イワナが食べられ、しかも大衆料金だという。準備は完璧《かんぺき》である。

1番不安なのは、倉ケ岳の登り口まで迷わずに行けるかどうか。数年前の記憶は、道路沿いに大きく掛けられた〝火の用心〟の看板だけ。それを頼りに県道金沢・鶴来線を右往左往、やっとそれらしい分岐にさしかかったが、大書された〝火の用心〟はない。とにかく、ひと走りして山道に入ると記憶が少しずつよみがえってきた。

ロープを使った練習

峠の茶屋から右折して、急坂を登り、1番上の駐車場に着く。さっそく、ザイル（ロープ）やシュリンゲ（捨て縄）、金具類などを詰め込んだザックを担いで、岩場に向かう。よく整備された丸太の階段を少し下ると、すぐ大池にぶ

■おすすめの季節

カタクリの花が咲く4月末あたりから紅葉の秋ごろまで楽しめる。岩登りの練習をする場合は、蚊がいない季節がいい。

■アクセス

金沢市街から主要地方道22号を四十万方面に向かい、四十万から鶴来方面へ。坂尻町の集落を越えてすぐ左手に見える急傾斜の林道を進む。さらに坂の途中林道の分岐点を左に進み、峠の茶屋にさしかかったら、右手の急な坂を進み、車止めまで上る。

■アドバイス

最初の難関は登り口へたどり着くこと。何度出掛けても迷うので、地元の人に尋ねるとよい。ゲレンデで岩登りの練習をする場合は、熟練者とともに行うのが安全だ。ハイキングコースに現れる岩場は、難なく、どれもやさしいが、滑らないように細心の注意を払いたい。トイレ、水場はないので注意。

■お問い合わせ

白山市役所鶴来支所　☎076-272-1111

●国土地理院地形図
　2万5千分の1　「鶴来」「粟生」

つかる。この大池に沿って、左につけられた踏み跡を進み、奥にある右岸壁まで入る。

「ここで練習しましょう。簡単ですよ」と、仲間にハーネスを着けてもらい、まずはザイルの結び方から練習開始。8の字結び、プルージック、インクノット（もやい結び）…。蝶々《ちょうちょう》結びしか知らない仲間にとってこれは大事件だ。

「じゃあ、ちょっと登ってみますからね」と、相棒に確保してもらって、落ちても途中で止まるように、ルートに埋め込まれた真新しい残置ボルトで中間支点をとりながら、試しに落ちたりしているところへ、「いやあ、迷いました。気晴らしにきました」と先のDさんがやってきた。

最初の確保点に練習用の鉄のカラビナをセットし、いったん下りると、トップロープ（ロープで常に確保された状態。ゲレンデの練習で多用）での練習に入る。

「子供のころ父から手長ザルって言われてたんですよ」という仲間に、「じゃあ行きましょう」と声をかける。ルートは、初心者向け

大池周遊コースのスタート地点でコースをチェック

岩登りのザイルを肩に岩場へ向かう

いよいよ岩登りに挑戦

初心者はまずお手本を見せてもらって

とは言っても、最初のひと乗っ越しは、体を右から左に振らなくてはならない。が、彼女は確保点まで簡単に登ってしまった。これに刺激されたもう一人の仲間が、どうしても上まで登って写真を撮りたいと言い出した。ここはＤさんに助けてもらうことにする。

「そこそこ、そこ右、もっと岩から体を離して」と大騒ぎしながら、無事に岩登り入門が終わったところで、大池を周遊して倉ケ岳の山頂へと向かう。途中、ロープが固定された岩場にさしかかるが、仲間たちはもうすっかり慣れたもの。簡単に通過して、大池を見下ろす岩場の上に出た。

手取川と加賀平野を一望

ここからの眺めはなかなかのものだ。鶴来、野々市、金沢の街並みと、手取川の蛇行を見下ろしながら、しばらく休憩とする。岩場の所々にササユリが咲き、樹林の中にはギンリョウソウが顔を出している。山頂からは、奈良岳、見越山、大笠山《おおがさやま》、笈ケ岳《おいずるがたけ》など、犀川の上流一帯に連なる山々が見渡せる。

ブナ林の中に咲くコアジサイを振り返りながら駐車場まで下りると、いよいよ仕上げだ。養魚場の奥さんから教わった店、「森茂」で囲炉裏を囲み、生けすから

岩場の頂上に立ち、眺望を満喫

取り出したばかりのアユとイワナの塩焼きをほおばりながらの話題は、やっぱり次の計画。「沢で盛大な焚《た》き火《び》をやりたいですねえ。もちろんイワナ釣りも……」「だけど奥地まで歩くのはちょっと……」「やっぱり涼しい山にしましょうか。チングルマなんかが咲いてるところとか」「それ、いいですね。ぜひやりましょう」

山から下りてから、気心の知れた仲間たちと交わす、ああでもない、こうでもないという話は、またなんとも楽しいものである。

大池越しに見る岩場

ササユリ

ヤマツツジ

ギンリョウソウ

おすすめの湯

源泉掛け流し温泉 しあわせの湯

野々市市にある日帰りの温泉施設。貸切風呂や冷凍サウナが特色の温泉だ。高温サウナに入り、体の老廃物を出したあと、氷点下を体験できる冷凍サウナに入ることで、肌が引き締まるという。やや薄緑色のお湯は、ナトリウム—塩化物泉で少しヌルヌルした感じがする。大浴場の洗い場はゆったりと広く、地元の人々でにぎわっている。

野々市市横宮町6-3
☎076-248-1126
営業時間●11時～25時
(日曜、祝日は9時～)
定休日●第3木曜
(祝日の場合変更あり)
料金●中学生以上550円
小学生250円
未就学児100円

17 戸室山《とむろやま》

標高 547.8m

参考コースの所要時間
約1時間35分

ブナの巨木が茂る権現の森
殿様石に与謝野晶子の歌

山の奥深さを感じさせる樹林地帯

暑い夏こそ思いっ切り汗をかこうと、金沢市郊外にある戸室山に出掛けた。

里山だから涼しくない。ヤブ蚊もいるから、のんびり立ち止まることもできない。結果として汗をかき続ける。喉《のど》の渇きがいい具合になる。そこで一気に喉を潤す。幸せを感じる。という前向きな論法だ。

医王山《いおうぜん》スキー場前の駐車場で身支度をすませ、食堂どんぐりの脇から上り始めると、すぐ奥深い山に分け入ったような雰囲気になる。ゆるやかな登りを進ん

戸室山

参考コース スタート 登山口（食堂どんぐり脇）▶30分▶九頭龍大権現▶5分▶権現の森▶5分▶山頂▶15分▶巨大戸室石（祀られているもの）▶5分▶一番下の鳥居▶30分▶与謝野晶子歌碑▶5分▶医王山寺（駐車場）

■おすすめの季節

春先から初冬まで長い期間楽しめる。

■アクセス

金沢市街から主要地方道10号を経て、県道209号に入り医王山スキー場へ。食堂「どんぐり」の脇に登山口がある。

■アドバイス

九頭龍大権現から権現森へは、左から回り込むように向かう。右方向へ行くとそのまま山頂方面となる。山頂からの下りは、急斜面が多く、滑りやすいので慎重に。与謝野晶子の歌碑へは、一番下の鳥居から踏みかためられた小路がある。トイレあり、水は登り口の「どんぐりの家」でわけてもらうとよい。

■お問い合わせ

金沢市役所　☎076-220-2194

●国土地理院地形図
2万5千分の1　「金沢」「福光」

赤い戸室石を手にする

で、少し急な左手の山腹に辿《たど》りつくと、コナラ、ミズナラが群生する広々とした樹林帯にさしかかる。

金沢城の石垣に使われた石

やがて石がゴロゴロした上りになる。もちろん、どれも戸室石。金沢城の石垣に多く使われているもので、赤戸室、青戸室というふうに区別されているそうだ。しゃがみこんで赤い石を拾おうとすると、待ってましたとばかりに縞《しま》模様のヤブ蚊たちが取り囲む。

足元の戸室石を目で確かめながらしばらく上るが、赤いのばかりで青いのは見つからない。そしてブナの木が見え始めると、この上りもようやく終わり水平道に出る。クサタチバナの白い花が足元に顔を出すと、すぐ左への分岐が現れた。

伐採した木の枝で道を遮っているその先にブルーシートが見える。枝を払って足を踏み入れる。現代の修験者の活動の場のようだ。大きな戸室石、戸室山九頭龍大権現奥ノ院というアルミサッシつきのお堂、招福開運殿などが不思議な小空間を作っている。「へえーっ」「ふーん」。みんなどう言えばいいのか、言葉が見つからないようだ。

巨大な戸室石がまつられている

二手に分かれて道は続く

権現の森から金沢市街を望む

権現の森まではほんの数分。この山の主に違いないブナの巨木が後ろにデンと控え、その前の草地に戸室石で作られたみごとな祠が2つ置かれている。そして、切り開かれた草地の先には金沢の街が広がっている。山頂はここから目と鼻の先にある。ほとんど水平道で、樹木に囲まれた小さな広場に測量用の三角点が埋め込まれているが、実質的な山頂は権現の森のように思える。

医王山寺への下りは、急斜面から始まる。木の枝を頼りに、緊張しながら下りきると、前方にキゴ山が姿を現し、左手に巨大な戸室石が祀《まつ》られた広場に出る。そして赤い鳥居から医王山寺の境

山頂に埋め込まれた測量用の三角点

内へと、真っ逆さまに階段が続いている。この階段は400段もあるそうで、下りだからと気軽に考えていたのだが、思った以上に骨が折れる。

与謝野晶子の歌碑を探す

タンポポとキクを足したブタナのような黄色い花が咲いている。ヤブカンゾウもオレンジの花をつけている。それを横目に、ウロウロキョロキョロ。このコースの隠された目玉・与謝野晶子《よさのあきこ》の歌碑《かひ》を探すのだが、なかなか見つからない。とうとう境内まで下りてしまい、あきらめかけたところで、運良く住職と出会う。

歌碑は1番下の鳥居から山腹に少し入ったところと聞き、再び階段を上り返す。住職の言った通り、下草が生い茂ったところに道らしいものが続いている。「よ

ブナの巨木に耳を当てる

権現の森からの眺望

しっ、行きましょう」と掛け声をかけて、草をかきわけて進む。「きょう1番のキツイ登りですねえ」「そうですねえ」と息を切らしながら目を前方にやると、白い立て札が見え、黒っぽい大きな石が現れた。

戸室石の中の最高級品である殿様石に刻まれている歌は、苔むしていて、ほとんど判読できないが、立て札によると、こうなっている。

白やまに天の雪あり医王山
　次ぎて戸室もたけなはの秋

という歌で、昭和8年11月に与謝野鉄幹《てっかん》・晶子夫妻が金沢を訪れた際に、晶子が詠んだものだそうだ。

「ウーム」と、その意味を探る私たちを、ヤブ蚊の大群がぐるりと取り囲む。「これはヤバイ」と、あわてて先ほどの草地を抜け出し、急階段を境内までかけ下りる。時間は午後1時過ぎ、池に浮かぶヒツジグサに似たハスの仲間が白い花を開いて未の刻を告げようとしていた。もちろん、喉の渇き具合は計算通りに仕上がっていた。

ブタナ

不思議な空間の九頭龍大権現（戸室権現奥ノ院）

おすすめの湯

曲水温泉 曲水苑

金沢の中心部から南東へ車で20分ほど走ると、医王山に連なるのどかな山あいの風景が広がってくる。「曲水苑《きょくすいえん》」はそんな山里にある閑静なたたずまいの温泉宿だ。

平成元年に温泉が湧《わ》き、一時期は小さな湯船を無料開放していたが、平成6年に現在の浴場がオープンした。内風呂は、小ぢんまりとした檜《ひのき》造り。洗い場も大人6人で使うのが精一杯の広さだが、浴場にはいつも檜特有の香りが漂う。露天風呂は周囲の自然にも調和した野趣豊かな岩風呂で、眼下に浅野《あさの》川《がわ》を配し、周囲の山々も見渡せる。

お湯は、飲むとやや苦味を感じる塩化物泉。カルシウムやナトリウム、天然ラドンが豊富に含まれ、肌によいと評判。慢性皮膚炎に効くので、足しげく通う人も多い。

また、山菜や川魚を使った料理も評判がよい。特に4月から9月にかけての天然のイワナ料理がおすすめだ。

金沢市七曲町ハ132-1
✆076-235-1717
営業時間●正午～21時（土・日曜、祝日は9時～）
定休日●火曜（祝日の場合は営業）
料金●大人500円、子ども250円、2歳以下無料

18 奥城山《おくしろやま》

標高 515m

参考コースの所要時間
約3時間10分

なだらかな尾根たどり
加賀の山々を一望

頂からの
見晴らしは
抜群

赤瀬ダムを右手に、大杉谷川沿いの道を少年自然の家へと向かう。目指すのは奥城山。城山から南に、なだらかな尾根を辿ったところにある山だ。

蓮如ゆかりの泉

車を置かせてもらい、「蓮如上《しょう》人《にん》お杖《つえ》の名泉」という案内に従って、自然の家の裏手に回る。草むらに続く道を歩き出すと、まず濃いピンクのツリフネソウが目に飛び込んできた。足元には白いゲンノショウコ、そして白っぽい小さな花が群生している。その先には薄いピンクのミゾソバ。いきなりの花ラッシュに目の色を変えてレンズを向ける山岸カメラマン。その隣で澄みきった空を幸せそうに見上げる小川明日美さん。

杉の植林地に足を踏み入れると、すぐに「蓮如上人お杖の名泉」の前にさしかかる。蓮如の弟・蓮照を大杉に訪ねてきた蓮如が、念仏の世界に生きる村人に感銘

参考コース スタート **少年自然の家** ▶60分▶ **城山** ▶25分▶ 大杉神社コース分岐 ▶15分▶ 林研の森コース分岐 ▶5分▶ **奥城山** ▶10分▶ 大杉神社コース分岐 ▶1時間▶ **大杉神社** ▶15分▶ **少年自然の家**

不思議な形のツリフネソウ

秋を告げるヒガンバナ

■おすすめの季節

大杉は雪が多いところ。積雪期以外ならいつでも楽しめる。樹林帯の中の歩きなので夏でも大丈夫。

■アクセス

国道8号線（8号線バイパス）の東山ICから国道416号線に入り長谷町の交差点を右折、県道161号線で赤瀬ダムを右手に見ながら大杉少年自然の家へ。

■アドバイス

車は、大杉少年自然の家、または隣のキャンプ場の駐車場に置かせてもらう（事前確認が必要）。水場、トイレはキャンプ場にある。コースがたくさんあるので、組み合わせて周遊すると一層楽しめる。

■お問い合わせ

小松市役所観光政策課
☎0761-24-8076
●国土地理院地形図
2万5千分の1「動橋」「山中」「加賀丸山」「尾小屋」

茎にトゲがあるミゾソバ

薬草としても有名なゲンノショウコ

して杖で掘り返したら、この泉が湧き出てきたのだとある。苔《こけ》むした石鉢が置かれていて、竹筒から「名水」が流れ落ちている。

杉木立の中を進むと、道は二手に分かれた。まっすぐ行くと、やす谷沿いの道を遡《さかのぼっ》て奥城山に突き上げる「林研の森コース」、左手は城山を経由する「やす谷コース」。せっかくだから城山を経由しようと、左の道に向かう。木の根が張り出した上り道がジグザグと山腹についていて、すぐに尾根に出る。スギ、ミズナラ、コナラが混在する中に道は続き、右手のやす谷から心地よい風が吹き上げてくる。

「さわやかですね」「樹林の中も

いいですね」と言い終わらないうちに、後ろを歩いていた小川さんの「ギャーッ」という悲鳴。「クマでも出た」と振り返ると、「クマじゃなくってクモです」と眉を逆立てて後ずさりしている。仲間たちがわけなく潜り抜けたクモの巣に、1番背丈が高い小川さんが引っかかってしまったのだ。「ということは、小川さんが先頭を歩けばみんな大丈夫ですね」という山岸カメラマンの提案で、神主のお払いのようなへっぴり腰でクマザサを手にクモの巣を払いながら進む小川さん。

「蓮如上人お杖の名泉」のスタート地点

なだらかな道の両側には、イヌツゲ、ヒサカキ、エゾユズリハ、そして赤い実をつけたツルシキミなどが目立ち始め、その先にブナが顔を出すと急な上りが始まる。

滑りやすそうな岩伝いのロープにつかまったのは小川さん。我々は足場がしっかりしている左手のロープを選ぶ。上り詰めたところで再び緩やかな道を進む。高さが4メートルほどもあるネジキが左手に2本。そこからダラダラとひと上りで城山（中世の山城・山崎城跡）に出る。ここでちょっと一息。東側の枝が払われていて、大杉谷を隔てて兜山《かぶとやま》が見える。

名泉の全体はこんな感じです

「では」と、クモの巣払いに疲れた小川さんに代わって先に立ち、ストックを振り回しながら進む。すぐに大きな下りにさしかかり、下りきると再びなだらかな道になる。この辺りから、幹周りが3メートル余りありそうなアカマツが現れ始める。枯れて無残な姿のアカマツ、その巨木の脇を通りぬけると、前方にみごとなナツツバキが数本。そこを境に、最後の上りが始まった。

しぶとい坂道

「あと少しと思ったけど、けっこうしぶといですね」とボヤく仲間たち。長い坂道を上り切り、左手から「大杉神社コース」が合流したところで、「もうすぐですよ」と声をかける。そこから右にカーブするように上ると、林研の森コー

クリも見つけました

クモの巣を払いながら進みます

急坂もあります

森の中はちょっと薄暗い感じです

スが合流する展望の良い場所に出る。北に目をやると、動山《ゆるぎやま》がデンと構え、眼下には下大杉の集落が広がっている。

　山頂はそこから目と鼻の先。水平道を辿ると、見晴らし抜群の奥城山に到着だ。南東には鈴ケ岳、大日山。西には鞍掛山から三童《さんどう》子山《しやま》へと続くスカイライン、蟹ノ目山から富士写ケ岳《ふじしゃがたけ》と、アクタスの「日帰り山歩き」で紹介した山々がぐるりと一望できる。眺望

アキアカネもいました

森の空気が気持ちいい

オオイチョウのある大杉神社

を楽しんだら昼食だ。メニューはコンビニで買ったオニギリと、近所のスーパーで評判のカレーパン。

のんびりと休憩をとったら、あとは大杉神社に向けて下るだけ。分岐まで戻って、東に延びる尾根の下りに入る。下草が伸びているとはいえ、よく踏まれているので歩きやすい。

尾根変われば木々も変わる

ヒメコマツ、ヤブツバキ、シャクナゲ…。知っているのはこれくらいだが、尾根が変わると木々も変わるからおもしろい。やがて道は谷筋に沿った下りとなる。杉の植林地にさしかかると、ジメジメして滑りやすい下りとなり、行く手に大きな岩が次々と現れる。左手にえん堤が見えてきたら、カタハが群生する中をかきわけるように下る。大杉神社まではほんの一息だ。

境内には、樹齢450年という大イチョウの木が2本。枝の下から幹にかけて、バアちゃんのオッパイをさらに長く伸ばしたようなのがいくつもブラ下がっている。これは気根で、「乳柱《にゅうちゅう》」と呼ばれており、みんな見るのは初めて。「へーっ」「ほーっ」と、わかったようなわからないような声を残して、少年自然の家へブラリブラリと歩き出す。

道端にヒガンバナが咲いている。山歩きが楽しい秋が、またやってきた。

こんなに大きな岩もあります

おすすめの湯

瀬領温泉 せせらぎの郷

大杉町から小松市街に向かう途中にある瀬領温泉「せせらぎの郷」は、とっておきのマイ温泉でもあります。駐車場から入り口、浴室、そして露天風呂へのスムーズな移動が出来る、ちょうどいい具合の大きさで、フラットで明るい作りになっているからです。入り口隣の建物で毎朝開かれている「ござっせ市」に立ち寄り、地元で採れた新鮮野菜に目星をつけたら、ログハウス風の玄関から浴室へ。泉質はナトリウム・カルシウム(硫酸塩泉)で、神経痛や筋肉痛、打ち身、皮膚病などに効能があります。露天風呂は岩風呂と檜風呂があって、肌にやさしい柔らかなお湯に浸かって、垣根越しにあるおくりび山の山肌に目を移し、季節の移り変わりが楽しめる、山好き泣かせの里山温泉でもあります。

小松市瀬領町丁1-1 ✆0761-46-1919
営業時間●10時～21時
定休日●月曜(祝日の場合は翌日休、12月31日～1月2日休)
料金●大人370円、小学生150円、幼児(1歳～)50円

19 鷹《たか》落《おち》山《やま》

標高 494.4m

参考コースの所要時間
約2時間50分

南加賀平野から日本海を一望
色鮮やかな花々に初夏の香り

新緑の
香りに包まれた
登山道

鷹さえ落とす高い山

鷹落山《たかおちやま》といえば、2003年の秋を思い出す。当コーナーの取材で、蓮如山《れんによやま》から鷹落山に向かったが、天候が急変。結局、鷹落山をあきらめて、熊野神社からのコースを下りたのだ。今回は、8年前の続きに挑戦しようと、竹田麻衣さんら、いつもの山歩き仲間に声を掛けた。

小松市内を走る国道416号線を郷谷川《ごうだにがわ》伝いに南へ下る。豪快に流れ落ちる十二ケ滝《じゅうにがたき》の景観に目を奪われながら、観音下町《かながそまち》を過ぎ、西俣川沿いの道を4キロほどさかのぼると西俣キャンプ場が現れた。

キャンプ場のある西俣町は谷あいの四つの小さな集落が寄り合っているところだ。この小さな集落に暮らす人たちにとって、鷹落山は「はるか上空を飛ぶ鷹さえ落とすほど高い山」だったという。

参考コース スタート 西保キャンプ場 ▶5分▶ 熊野社 ▶40分▶ 蓮如山・鷹落山分岐 ▶45分▶ 動山・鷹落山分岐 ▶3分▶ 鷹落山 ▶35分▶ 蓮如山・熊野社分岐 ▶15分▶ 展望台（蓮如山・西保キャンプ場分岐）▶25分▶ 西保キャンプ場

新緑の中にたたずむ熊野神社

キンポウゲに彩られた土手

苔むした丸太橋を慎重に渡る

熊野神社前に登山口

スタートはこの西保キャンプ場からだ。黄緑色に包まれた山すそのあちこちをキンポウゲの花が彩り、スギナと野蕗《のぶき》が道端の土手一面を覆っている。

西保自然教室を過ぎると右手眼下を流れる川の両岸が岩盤になっている個所にさしかかる。その岩を削るように水が勢いよく落ち、白い泡をたてて深い淵を作っている。そこから5分ほど歩くと、村社・熊野神社の前に出た。苔《こけ》むした鳥居と大しめ縄の奥に社《やしろ》があり、裸電球が灯《とも》されている。

鷹落山登山口はこの神社の前

■おすすめの季節

盛夏を除き、ユキツバキやミツバツツジが咲く4月から紅葉の晩秋まで楽しめる。

■アクセス

8号線バイパスの東山インターから国道416号線で尾小屋方面へ。岩上町にさしかかったら、西保川沿いの道を西保自然教室方面へと向かう。

■アドバイス

車は西保自然教室の前に止めると良い。トイレ、水場は西保キャンプ場にある。動山方面と鷹落山方面の分岐の案内標識は地面に置かれているので見落とさないように。

■お問い合わせ

小松市役所観光政策課
☎0761-24-8076
●国土地理院地形図
2万5千分の1地形図
「尾小屋」

スタート地点に向かう途中にある十二ケ滝

だ。橋を渡り、コンクリートの道を歩いて行くと、集落の墓地がある。そこを過ぎ、倒木をまたいで、枝沢に沿って杉の植林地の中に続くなだらかな仕事道をたどる。

チゴユリやユキツバキ咲く

沢が小さく落ち込み、カタハ（ミズナ）が顔を出し始める。苔でヌルヌルした丸太橋を恐る恐る渡り、続いて、鉄板が腐食して穴だらけになった鉄の橋を恐る恐る渡る。

やがて沢を隔てた右手の斜面が、一枚岩になって尾根へと突き上げているところに出る。しばらくして、前方にアルミ製の階段が見えてくるとやや急な上りの始まりだ。

足元に咲くか弱そうなチゴユリに、懸命にレンズを向ける山岸カメラマンを置き去りに、山腹につけられた道をジグザグと上ると、蓮如山と鷹落山を結ぶ尾根道に出た。

木の根に腰を下ろし、汗をぬぐう。見渡すと、尾根の西斜面にユキツバキが真っ赤な花をつけ、その向こうには30メートルはあるかと思われるホオノキが数本、晴れ渡った上空めがけてまっすぐに伸びていた。

快適なアップダウン繰り返す

のどを潤したところで再出発だ。アカマツの坂を少し上ると、右へカーブしながら緩やかな下りが始まる。

広くて歩きやすい道の脇に咲くのは、鮮やかなピンク色をしたミツバツツジ。リョウブのトンネル越しに目指す鷹落山が見え隠れ

ヤマツツジの脇から下る

真っ赤な花をつけたユキツバキ

鮮やかなピンクが
目を引くミツバツツジ

快適なアップダウンを繰り返す

し始め、再びなだらかな上りになる辺りから、線香花火のような白い花を無数につけたアオダモ（マルバアオダモ）が目を引くようになる。

　ソヨゴの木が現れたら、今度はやや大きな上りだ。快適なアップダウンを繰り返しながら、大きなアカマツの根元を過ぎると、杉の植林地に入る。その先の坂道はそれほど急でもないが、安全のためのロープが張られていた。

　樹林がまばらになり、尾根全体が明るくなったら、左前方に残雪を頂いた大笠山《おおがさやま》と笈ケ岳《おいずるがだけ》が見えてくる。立ち枯れた太いアカマツが2本。その脇を抜けた時、初めて鷹落山がその全容を見せた。

　赤土の上り坂がしばらく続く。鷹落山と動山《ゆるぎやま》の分岐は、カスミザクラの樹木からすぐのところにある。チシマザサが群生するやや広い場所に、分岐を示す青い案内標識が置かれていた。

東に白山、西に日本海

　鷹落山に向かう道に踏み出したところに、枯れた大木が2本横たわっている。腰掛けるのにちょうど良い高さなので、ちょっと一服。その木をまたぎ、一気に下って軽く上り返すとあっけなく山頂に出た。

　「鷹さえも落とす」山頂は、周囲が広く刈り払われていてとても明るい。東には白山がデンと構え、西には小松ドームから木場潟、柴山潟と、南加賀の平野が広がり、日本海へと延びている。

「見晴らしサイコーですね」と方位盤に手をかけたとたん「ギャーッ」と悲鳴をあげた竹田さん。見ると、方位盤の上にハチの死骸が一匹あった。竹田さんは虫が大の苦手なのだ。

　ゆっくりと昼食をとり、熊野神社に下る道との分岐点まで戻る。そこからは、8年前にも立ち寄った蓮如山の手前にある展望台を通る下山コースを行くことにした。

最後は長い丸太階段

　枯れて落ちかけているアカマツの太い枝をくぐり、あてにならない記憶を頼りに進むと、コナラとコシアブラの木が同じ根元から伸びているのが目にとまる。そこで突然鮮明によみがえった8年前の記憶。「ミズナラとブナがひとつの根から伸びていた」と書いたことを思い出したのだ。言い訳にもな

鷹落山の東にそびえる白山

同じ根元から伸びたコナラとコシアブラ

折れたアカマツの枝をくぐって進む

らないが、当時は木の名前などほとんど知らなかったのだ。「この際、訂正しておいた方がいいですね」と山岸カメラマンに促され、今回、写真入りで謝らせていただくことにした。

展望台はアカマツが数本あるやや広い高台だ。もう一度白山と日本海をじっくり眺め、ついでに足元のワラビを手早く摘んで、ヤマツツジが咲く分岐から丸太の階段を西俣キャンプ場へと下る。「歩きやすいですね」と油断したのもつかの間、コナラ林を抜けた途端、その先に、丸太の階段がどこまでもまっすぐに続いていた。

山頂に到着

8年ぶりの再挑戦となった鷹落山

「７１３、７１４、７１５…」と、階段を数える竹田さん。「７４９」の声を聞いたところで、やっと丸太から解放され、西俣キャンプ場に出た。辺りの芝生を覆うスミレが、日差しを浴びて薄紫色に輝き、初夏の里山の匂いがたちこめていた。

長く続く丸太の階段で下山

おすすめの湯

粟津温泉総湯

粟津温泉は、白山を開山した泰澄大師が1300年前（養老2年）に開いたと伝わる温泉です。湯は「万病に効き、たちまち美人になる」とも言われています。その温泉街で長く共同浴場として親しまれてきた総湯が、2008（平成20）年の夏、場所を移して新装オープンしました。小ぢんまりとした和風平屋建ての新総湯は、外観は変わったものの、浴室も大浴槽のみとシンプルで昔ながらの共同浴場の雰囲気を漂わせています。泉質はナトリウム、硫酸塩。塩化物泉で、無色透明の湯につかり汗を流したら、シワが少し伸びて若返ったような気がしました。

小松市粟津町イ79-1
✆0761-65-1120
営業時間●8時〜22時
（最終受付19時30分）
定休日●毎月8・18・28日
（土・日・祝日は変更あり）
料金●大人400円、小学生130円
幼児50円

20 観音山《かんのんやま》（遺水観音山）

標高 402.3m

参考コースの所要時間
約2時間15分

「つくばね新道」で仏大寺へ 霊水堂から山頂目指す

霊水を汲んで山歩きスタート

能美市仏大寺《ぶっだいじ》にある観音山《かんのんやま》に新しい登山道ができた。「能美の里山ファン倶楽部」が立案し、地元仏大寺や寺井山岳会エーデルワイスクラブの方々の協力で整備されたもので、山頂から仏大寺の集落へと延びるなだらかな尾根伝いにつけられた道だ。名称は「つくばね新道」。

昔は「遺水山」

いろいろ調べてみると「観音山」の名前については議論があるようだ。市立博物館の学芸員・北村周士《しゅうじ》さんを訪ね、道々の案内標識に「遺水《やりみず》観音山」とあることや霊水堂の脇の立て札に「観音山（別名・遺水山）」とあること、地元の人たちが「観音山」と呼んでいることなど調べたことを話す。

北村さんは歴史的な資料を何枚もコピーして差し出し「昔は遺水山と呼んでいたようです。通称観音山って書いてあるでしょ」と解説してくれた。

参考コース スタート **霊水堂**(登山口・車止め)▶25分▶**観音山跡**▶25分▶**観音山**▶50分▶**三角点**▶20分▶車道▶15分▶**霊水堂**(車止め)

結構、急な階段です

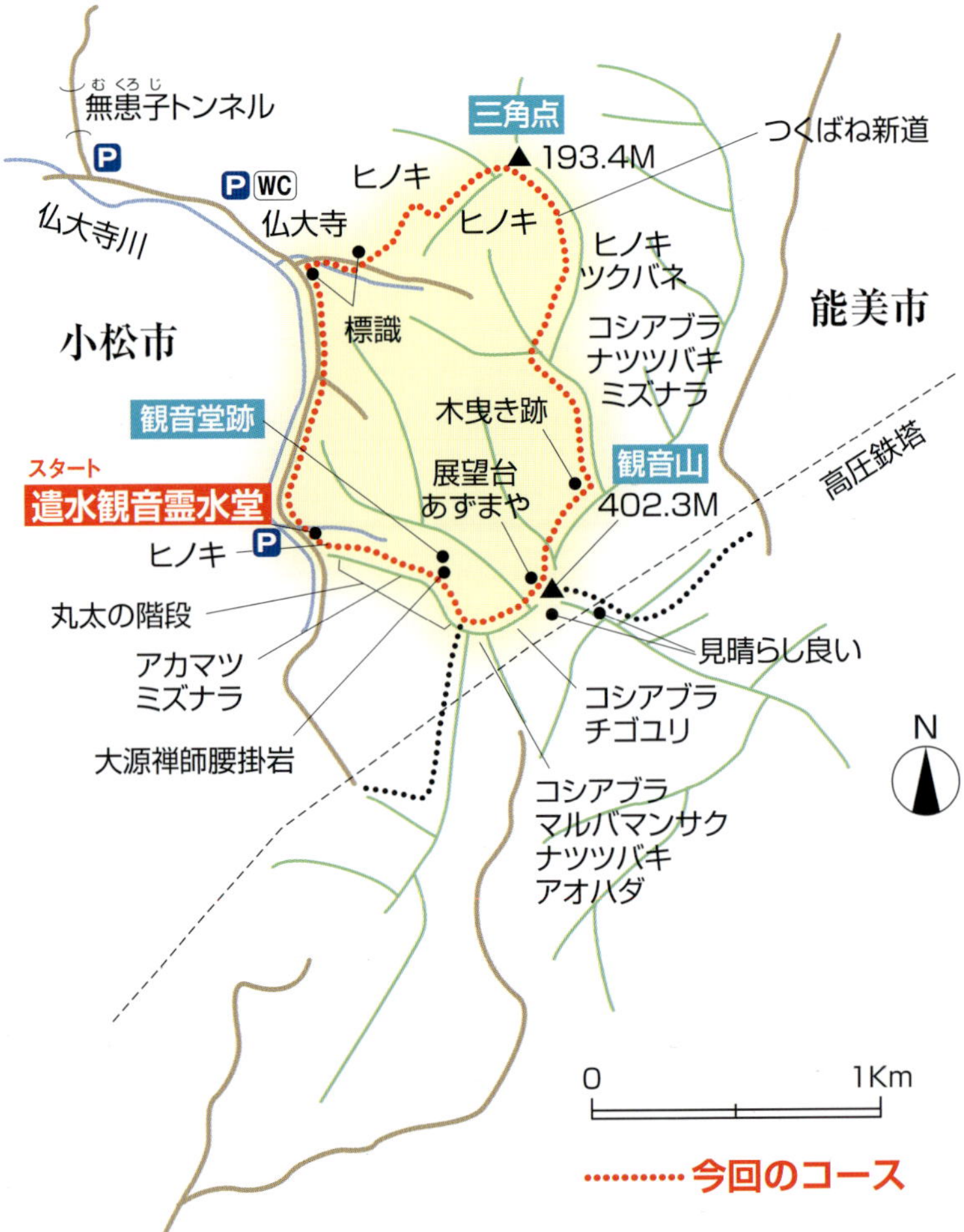

■おすすめの季節

雪がなければいつでも気軽に歩ける。とりわけ春先にはユキグニミツバツツジ、チゴユリの花が咲き、つくばね新道にはツクバネそして山菜のコシアブラなど、春の恵みが楽しめる。

■アクセス

加賀産業道路の上八里町交差点から主要地方道54号線を寺畠町に向かい、鍋谷川を渡ってトンネルをくぐり、案内に従って左折し遣水観音霊水堂へ。軽海西の交差点から主要地方道55号線を鵜川町に向かい仏大寺川沿いに行くこともできる。

■アドバイス

トイレは仏大寺の多目的集会施設を利用できる。駐車場と水場は遣水観音霊水堂のところにある。車がいっぱいの時は、集落のトイレそばの駐車場に置かせてもらえる。

■お問い合わせ

能美の里山ファン倶楽部
☎0761-51-2308
●国土地理院地形図
2万5千分の1地形図
「別宮」

北村さんから話を聞いているところへ、里山ファンクラブの1人・安《あん》田《だ》二三男さんがやってきて「うーん、仏大寺観音山って呼んでたこともあったけど、今はそう呼ぶ人はいないなあ」と言う。その間にあちこちに確認をとってくれた北村さん。「最近遣水観音山と呼ぶことにしたようですが、観音山なら間違いないでしょう」となった。

午前10時、霊水堂前の駐車場には車が3台。ポリタンクやペットボトルを抱えた人達が、水汲《く》みの順番を待っている。スタートはこの霊水堂からだ。ヒノキ林の脇からステンレス製の手すりがつけられた丸太の階段が延びている。「けっ

新緑に包まれた登山道を歩く

チゴユリもたくさん咲いていました

サラサドウダンもかれんです

天ぷらにするとおいしいコシアブラ

こう長そうですね」と歩き出す前からため息をつく山岸カメラマン。「でも歩きやすそうですよ」と軽快に上りだす小川明日美さん。ピンクのミツバツツジ（ユキグニミツバツツジ）のすぐ隣にはエゴノキ、そしてアカマツが顔を見せ、上り終ったところが1合目だ。ミズナラ、リョウブ、ナツツバキ…。木々に囲まれた中を少し進むと、再び丸太の階段上りが始まる。サラサドウダンを左目で見ながら数本のソヨゴの脇を抜けると、今度は少し長くてジグザグした上りになる。

女人禁制の山

4合目のすぐ手前にトキワイカリソウが白い花をつけて咲いている。その坂道を上りきると、観音堂跡の広場に出た。白山を開山した泰澄大師が彫ったと伝えられる観音像が奉られていたところで、遣水山仏陀寺（仏大寺）の奥の院として、明治に至るまで女人禁制の山だったとある。観音像は1993（平成5）年に観音堂ともども焼失。現在は建て直されたお堂があり、すぐそばに1体の地蔵様が奉られていた。

　ここからしばらくは、なだらかな道が続く。アオハダも頻繁に顔を出す。上りに入ってまもなく、道の脇に苔《こけ》むした石が現れる。立て札によると、麓の仏陀寺を開いた大源禅師が腰掛けた岩だとある。さっそく石の上に座って瞑《めい》想（迷想？・）のポーズをとる小川さん。ここから送電線巡視路が合流する尾根まではほんのわずか。道の両脇にはチゴユリが大群落をつくっている。

尾根道は平坦で、1度小さく下ってゆるやかに上り返すだけ。

曲がりくねった階段もあります

左手からコシアブラの巨木が道いっぱいに根を張って、右手のアカマツやミズナラを牽制《けんせい》している。しばらく進むと、木々の隙間の向こうに展望台のあずまやが見えてきた。観音山の山頂だ。

展望台の前は大きく刈り払われていて、眼下には仏大寺の集落、ひと山越えた右手には鍋谷の集落が上八里《やさと》から寺井の大長野方面へと続いている。「コーヒーでも入れますか」「いいですね」となったところで、登山口で汲んできた霊水を沸かす。

新観音山登山道の看板があります

大源禅師の腰かけた岩で瞑想中

明るい新コース

「つくばね新道」への分岐は、展望台から巡視路をほんの10メートル辿ったところだ。新しい案内標識が立てられていて、とても歩きやすくなっている。ここからの新コースはとても明るく、ミズナラ、コシアブラはもちろん、ナツツバキ、アカマツそしてツルシキミが目立つようになる。あまり踏まれていない道特有のフワフワとした感触を楽しみながらアカマツのそばを通り抜けると、尾根は二手に分かれた。

コースは左、やがて大きく抉《えぐ》れたカーブにさしかかる。かつて切り出した木を曳《ひ》き下ろした仕事道「木曳き跡」のようだ。ここからしばらくは、ちょっと鬱蒼《うっそう》とした、それでいて山の雰囲気が体内に伝わってくる、ゾクッとする領域だ。最初のヒノキの樹林帯にさしかかると、見事なツクバネ街道となる。「すごいですね」と小川さん。不思議なのはその次のヒノキ林では、全く見かけないことだ。その先のミズナラの樹林帯になったところで、右手にちょっと寄り道すると、地形図に記されている4等三角点が現れた。安田さんたちが「苦労の末見つけた」測量用三角点だ。そこから少し下ったところで左手が大きく開かれていて、観音山の山頂が手に取るように見える。

観音堂跡でひと休み

4等三角点も見つけました

尾根伝いの道から小さく鞍部に下り、ヒノキ林に沿って谷筋に続く道を辿《たど》ると林道に出た。仏大寺川の枝沢を谷水がさらさらと流れている。車止めに戻ったのは午後2時。霊水堂はまだ長蛇の列が続いていた。

「木曳き跡」が確認できます

おすすめの湯

湯谷温泉 クアハウス九谷

仏大寺から車で数分、能美市泉台の九谷焼資料館などが建ち並ぶ陶芸村のほど近くに「脳卒中の湯」で有名な湯谷温泉・クアハウス九谷があります。ナトリウム硫酸塩泉という弱い食塩泉を主な成分とする数少ない「名湯」と聞いて、日々アルコール消毒を怠らない山岸カメラマン共々立ち寄ることにしました。高血圧、動脈硬化はもちろん、筋肉痛や関節の痛み、手足の冷えから外傷にも効くとなれば恐いものなし。健康温泉のほかにも、バーデンゾーンというところがあって、サウナからプールまですべて温泉。かぶり湯、うたせ湯、箱蒸し。飲泉は、「食前30〜60分にゆっくりとかむように。大人は一日に380ml。便秘、肥満、糖尿、通風に良い」とのこと。里山歩きとセットで楽しめます。

能美市泉台町東10 ☎0761-58-5050
営業時間●10時〜22時(ただし、21時までにご入館ください)
定休日●毎月5・20日(土・日・祝日の場合は順延)
健康温泉料金●中学生以上360円、小学生150円、5歳以下80円
クアハウス料金●中学生以上1570円、小学生840円、3歳以上420円

21 水無山《やまなしやま》

標高 348.5m

参考コースの所要時間
約2時間50分

懐に温泉街抱く岩山 スリル満点のヤセ尾根歩き

岩場が続く水無山。眼下に山中温泉街が見える

山中節の歌詞に誘われ

ハアー薬師山から
湯座屋を見れば獅子が
髪結うて身をやつすー

加賀市山中温泉に伝わる山中節は、ゆったりとしていて聞く者の胸にじんわり沁《し》みる。追分《おいわけ》唄とおけさ節を合わせたような節回しだが、その昔「湯ざや節」と呼ばれた歌詞は、妙に艶《つや》っぽい。

歌詞にある「獅子」は四×四＝十六で、湯の町で働く十六、七の若い娘さんや芸者さんのことを指す。薬師山は通称「お薬師さん」と呼ばれている医王寺辺りだろうか。その医王寺（お薬師さん）から水無山を歩こうと、山中温泉に向かった。

「お薬師さん」詣《もうで》でスタート

医王寺（お薬師さん）は行基《ぎょうき》という奈良時代の僧が開いたと伝わるお寺で、日本三薬師のひとつ

参考コース　スタート 医王寺 ▶10分▶ 尾根道 ▶40分▶ 林道 ▶5分▶ 水無山 ▶30分▶ 天狗岩展望岩 ▶20分▶ 高圧鉄塔下 ▶20分▶ 平岩橋 ▶45分▶ 医王寺

■おすすめの季節

ショウジョウバカマやキクザキイチゲが咲く4月頃からソヨゴが赤い実をつける12月頃までいつでも楽しめる。

■アクセス

国道8号線から364号線に入り、山中温泉のバイパスで医王寺へ。または、温泉街の総湯そばに駐車して、階段を上って医王寺まで徒歩5分。

■アドバイス

天狗岩が見える岩稜帯の通過は、腰を落として慎重に。送電線巡視路の下りは、傾斜がキツイので注意して。

■お問い合わせ

加賀市役所観光交流課
☎0761-72-7900
●国土地理院地形図
2万5千分の1地形図
「大聖寺」「越前中川」「山中」

山歩きの前に医王寺にお参り

に数えられる。山中温泉を開いたのもこの行基だと言い伝えられていて、迫害を受けながらも貧民救済や社会事業に貢献した偉いお坊さんだったそうだ。

境内はそんなに広くはないが、手入れされていてこざっぱりとして気持ちがいい。「まずはお参りを」と、本堂に向かう。階段では、名前の通り仲むつまじく寄り添う一対の地蔵「仲良し地蔵」が出迎えてくれた。お薬師さんに手を合わせ、せっかくだからとおみくじを買う。4月から社会人になる森はづきさんの運勢は「小吉」。何事も足元をみながらコツコツとやりなさい、とある。

石仏が居並ぶ登山口

ショウジョウバカマが咲く滝不動の脇から石の階段をたどる。道は岩っぽい山腹にジグザグとつけられていて、あちこちに岩を削って作られた祠《ほこら》があり、その中に何体ものお地蔵さんが奉《まつ》られている。そ

不動尊が見下ろす滝

こから水無山へと続く尾根道は、コナラやソヨゴに囲まれたとてもなだらかな道だ。

少し水平道を歩いたら、階段状の上りにさしかかる。S字を描くように3回ほど右に左にくねりながら上ると、道は再び緩やかになる。ナラガシワの木が、リョウブやソヨゴに混じって現れる。

落ち葉を踏みしめながらさらに上って行くと、前方に腰掛けるのにちょうどいい具合の岩が見えてきた。それを境に、大小の石が点在する道にさしかかる。

丸太の階段を上り、太いアカマツの脇を通り過ぎ、さらにひと上りすると、まもなく林道に合流する。ここから山頂まではほんのひと歩きだ。松林に囲まれた砂利道をたどると、山頂のすぐ近くにある六角形の展望台が見えてきた。

展望台は昭和のスキー場跡

水無山という呼び名は「水無きをもって水無山と名付く」とされ、由来は実に単純明快だ。1959(昭和34)年に山中温泉ロープーウェイが開通し、獅子吼高原に次ぐ県内2番目のスキー場がオープンした。当時のゲレンデは約200メートル、浴衣に丹前姿で滑ることができるスキー場として温泉客の人気を集めたようだ。しかし、1980年代に入ってロープーウェイは廃業となり、展望台だけが残されたのだ。

展望台に上がってみる。立ち枯れた木が邪魔をして、眼下の温泉街ははっきり望めないが、東から南の方向に白山から大日山、富士写ケ岳《ふじしゃがたけ》の山々、北は山代温泉から南加賀の平野、そして日本海が見渡せる。

この日はポカポカ陽気。山頂でのんびりと昼食を取った後、今は使われていない放送用の無人中継局前から、天狗岩へと続く道に足を踏み入れた。ナツツバキ、ソヨゴ、コナラに包まれた道はなだらかで、広い尾根をゆったりと蛇行しながら延びている。

樹皮がはがれて地肌がむき出しになった太いアカガシが目の前に現れると、そこから先はチマキザサの茂みを踏み分けながらの歩きとなる。

水無山の全景

にらみきかす天狗岩

しばらく尾根歩きを楽しむと、岩稜《がんりょう》帯にさしかかる。前方に登山コースから飛び出しているような白い岩がある。その岩に上ると、視界が大きく開け、左手山腹に

眺望は抜群。秀麗な山々を見渡す

迫力ある天狗岩

灰褐色《はいかっしょく》の巨岩が、まるで温泉街に睨みをきかすようにそそり立っているのが見える。「あれが天狗岩ですね」と山岸カメラマンが指差す。

前に進むには、立っている岩を越えなければいけない。「えーっ、ここ降りるんですか」と、巨岩の急勾配を慎重に進む森さん。無事に降りたところでまたじっくりと天狗岩を眺める。

岩伝いの下り道はしばらく続く。左手が切れ落ち、痩《や》せた岩尾根を通過する一帯はスリルがあった。右手で松の枝を払いながら慎重に通り過ぎ、見納めにもう一度天狗岩を振り返った。

春の花咲く樹林帯

コースの難関を下り切ると、樹林帯を行く平坦な道になる。そこを抜けて少し上ると、アカマツが数本ある小さなピークに出た。しばらく日差しの明るい尾根歩きを楽しみ、最初の高圧鉄塔脇を通過したところで再び道は樹林帯の中に潜る。ネジキが5、6本固まって生えている。ユキツバキもあちこちで顔を出す。逆方向に行く登山者向けだろうか、「天狗岩を経て水無山へ」と書かれた朽ちた案内が置かれている。

　2度目の高圧鉄塔にさしかかったら、そこからゴールの平岩橋までは送電線巡視路伝いに進む。白

南には富士写ケ岳

岩伝いの下り道は慎重に

沢沿いに咲いたキクザキイチゲ

滝の脇に咲いたショウジョウバカマ

い蕾をつけたミヤマカタバミに目をやりながら、切り払われたスギ植林地を通過して急坂を下り切ると、キクザキイチゲが咲く沢沿いの林道に出た。

　平岩橋からの帰り道は、ちょっと温泉街で道草だ。肉屋で買った熱々のコロッケを頬張りながら歩くのも、山中だから許されること。

ハアー山が高うて山中見えぬ
山中恋し山にくや

　水無山は低い山だけど、変化に富んだ心憎いコースだった。

おすすめの湯

別所温泉

「源泉100パーセント」「掛け流し」「秘湯」「サウナ」「露天」。そんな言葉で誘惑されたら、効能は二の次にしてすぐにでも出掛けたくなるもの。そんな立ち寄り湯が、山中と山代という有名ブランド温泉のちょうど中間にあります。源泉100パーセント、掛け流し、サウナ、露天風呂付き。そして「穴場」と呼ばれる別所温泉です。ミネラルを多く含んだ湯は、薄めずにそのまま加温していて、アトピー、神経痛、冷え性、動脈硬化、疲労回復などに効果があります。露天風呂は小ぢんまりしていますが、風情があって清潔感にあふれています。

もう一つの楽しみは、本格源泉仕込みの温泉たまごです。メチャメチャおいしいと聞き、湯上がりにさっそくいただきました。

加賀市別所町1-91　0761-76-1625
営業時間●11時45分～22時
定休日●無休
料金●大人420円、中学生240円、
　　　小学生130円、小人50円

22 鞍《くら》掛《かけ》山《やま》

標高 477.7m

参考コースの所要時間 約2時間10分

豊富なコース、抜群の眺望
獅子岩など見どころ多彩

2条の流れが美しい鶴ケ滝

鞍掛山は名刹《めいさつ》・那谷寺《なたでら》から南へ4、5キロ下ったあたりにある。形が馬の鞍に似ていて、南加賀のどこから見てもよく目立つ。日本海からもよく見えるので、かつては舟見山と呼ばれたそうだ。

地元民に愛される里山

里に近いこと、コースがたくさんあること、短時間で山頂に立てること、樹木の種類が多いこと、そして何よりも見晴らしが良いので、とにかく多くの人が登り、親しんでいる。小学校の遠足、職場のハイキング、町内会の企画はもちろん、ベテランの愛好家もトレーニングに、気晴らしにと、季節を問わず足しげく通うようだ。とは言って

参考コース スタート **車止め(駐車場)** ▶5分▶ **鶴ケ滝** ▶5分▶ **登山口** ▶30分▶小ピーク▶10分▶小ピーク▶10分▶塔尾コース合流▶10分▶スカイライン合流▶10分▶ **後山** ▶10分▶ **鞍掛山山頂** ▶20分▶ **舟見平** ▶20分▶ **車止め(駐車場)**

山の神にあいさつ

おすすめの季節

雪解けの4月から雪が降る直前まで、季節を問わず楽しめる。

アクセス

金沢市街から国道8号で加賀方面へ向かい、松山交差点から主要地方道39号を山中方面へ。塔尾で県民の森に向かい、荒谷集落にある石川県内水面水産センター脇を100メートルほど進む。左手にある駐車スペースへ(鶴ケ滝見物をする場合もここが登山口)。

アドバイス

駐車スペースからさらに延びる林道はその先の登山道入り口付近まで続いているが、駐車スペースがせまいので入らない方が無難。鶴ケ滝見物の場合、足場が悪いところがあるので注意。獅子岩見物も同様、慎重に。トイレは県内水面水産センター、水場は登山道の沢水で。

お問い合わせ

小松市役所観光政策課
☎0761-24-8076
●国土地理院地形図
2万5千分の1「動橋」

緑の美しさに思わず足を止める

も、塔尾《とのお》以外の各コースはかなりの急な登りで、決して楽というわけではない。

行きは 鶴ケ滝コースを進む

初秋のある日、動橋川《いぶりはし》に沿って加賀市山中の荒谷《あらたに》集落に入り、県内水面水産センターの案内に従って橋を渡る。林道を50メートルほど入った左手の空き地に車を止めると、鶴ケ滝《つるがたき》コースの始まりだ。半ば朽ち果てた「遊歩道」伝いに、橋を渡って鳥居をくぐる。山の神にあいさつをすませ、沢伝いに対岸にもどり、踏み跡をたどると鶴ケ滝に出る。2条10メートル、いや15メートルくらいあるだ

荒谷集落の登山口から鶴ケ滝コースに入る

清らかな流れは心まで洗ってくれる

ろうか。水量はさほどでもないが、きれいな滝だ。

少しもどって林道に出る。平坦《へいたん》な道を沢伝いに進むと、3畳間ほどのちょっとした溜《た》まりが目に入る。まさか、と思いながらのぞいてみると、イワナが数尾走っている。「おっ、いるいる」。「水産センターの人が放したのかな」と、しばらく眺めてから再び歩きだす。登山口はそこからすぐ。沢にかかる橋を渡ると枝沢沿いに仕事道が続く。

冷たい水をすくい疲れをいやす

炭焼き窯の跡がある。なだらかな道をしばらく進み枯《か》れ沢を渡ると、支尾根への取り付きとなる。階段状によく整備されてはいるが、かなりきつい。クモの巣を払いながらやっとのことで樹林の中の小ピークに出る。

「おつかれさん、もう少しですから」と一服にする。ここまで40分。しかし、もう少しにしてはちょっと道の方角が違う。てっきり三童子スカイラインからの道に合流すると思っていたのだ。が、スカイラインを歩いた時のことを思い起こすと、こんな道に合流したという記憶もない。

山頂からの抜群の眺望

とにかく、山腹を巻く水平道

山頂からの眺望は360度の大パノラマ

を歩きだす。ぐるりと右にカーブしながら、しばらく歩いて出たところは、「なーんだ」。塔尾コースにある炭焼き窯跡のすぐ上で道は合流していた。「なーんだ、なーんだ」を連発して、一人ニヤニヤしている私。「今日はずいぶん歩くんですね」とこぼす仲間たち。「いやいや、こんどはもうすぐですよ」と稜線《りょうせん》に向けて最後の登りに入る。

　スカイラインと合流したところで一息入れることにする。ミカンをほおばって、水分をたっぷり補給。ここからひと登りして、まずは後山から獅子《しし》岩に出てみる。足元からスパッと切れ落ちた高度

獅子岩からの眺望を楽しむ

かつては舟見山とも呼ばれた鞍掛山

舟見平から低木帯を抜け下山

山頂での昼食はまた格別

感たっぷりの獅子岩に立ってみる。
もとに戻って小屋のある鞍部《あんぶ》までいったん下り、鞍掛山へと登り返す。山頂には遮《さえぎ》るものが何もなく、眺望はほしいままだ。東には兜山《かぶとやま》、鈴ケ岳、大日山、富士写ケ岳…。白山はモヤの中だ。西眼下に目をやると、小松ドーム、木場潟、左に目を移すと片山津、柴山潟、橋立港、そして手前に山代温泉の町並みが続く。
ニギリメシで軽く腹ごしらえしたら、鞍掛山で1番人気の西谷コースを下る。フィックスロープを頼りに、急坂を下ると、舟見平に出る。ここから先はほんの一息だ。
なにはさておき、ふもとにある行きつけのそば屋に直行だ。蕎麦《そば》もつゆも文句なし。顔が緩んだところで、と分校《ぶんぎょう》にある平松牧場へ向かう。おいしいソフトクリームが食べられるのだ。途中、すぐ隣にある西村ぶどう園でブドウ狩りを楽しむと、しぼりたての牛乳で作ったソフトクリームで打ち上げ。里山歩きが板についてきた。

好物のそばに舌つづみ

おすすめの湯

木場温泉総湯 湖山荘

汗だくになったところで、地元で評判の木場温泉総湯・湖山荘に直行しました。木場潟公園中央園地から徒歩5分くらいで、山側には割烹旅館 湖山荘があります。湯上りに食べる手打ちそばや天ぷらもおいしい。

無色無臭で透き通ったお湯は、アルカリ性単純温泉で、リウマチ、神経痛、筋肉痛、関節痛、高血圧などに効能があります。湯に浸かると、とてもなめらかな肌触りがして、肌がすべすべしてきます。湯上りにソファーや2階ギャラリーでくつろいでいる光景に接すると、泉質の良さと地元での人気の高さを改めて実感します。

小松市木場町む20　✆0761-44-3596
営業時間●15時～17時(8月～10月)
14時～21時30分(11月～7月)
定休日●7日・17日・27日(土・日曜に重なる場合は休みません)
料金●中学生以上420円
6～11歳(小学生)130円
5歳以下50円

23 岩倉観音山《いわくらかんのんやま》

標高 296m

参考コースの所要時間 約1時間5分

コナラ、ナツツバキの樹林帯 山頂に戦国末期の岩倉城址

杉木立の中に、よく踏まれた「侍道」が続く

樹林に囲まれた日だまりの中でホッと一息つきたい、そんな山がある。出掛けるのはもちろん岩倉観音山。

加賀産業道路の軽海西《かるみにし》交差点から梯川《かけはし》の支流・滓上川《かすがみ》に沿ってしばらく進むと、仏御前《ほとけごぜん》の墓にさしかかる。仏御前は小松市原町出身。京に上って白拍子《しらびょうし》になったのが14歳の時のこと。たいへんな美人で時の権力者・平清盛《たいらのきよもり》の寵愛《ちょうあい》を受けて身ごもり、17歳の時にこの原町に帰郷。安産を祈願して上《かみ》麦口《ままぐち》のはずれに泰産《こやす》神社を建てたものの18歳で亡くなってしまう

参考コース スタート 登山口 ▶25分▶ 馬かけ馬場（見張り台） ▶5分▶ 米左衛門屋敷跡 ▶5分▶ 岩倉観音堂 ▶5分▶ 岩倉城址（山頂） ▶25分▶ 登山口

山頂の本丸跡で昼食

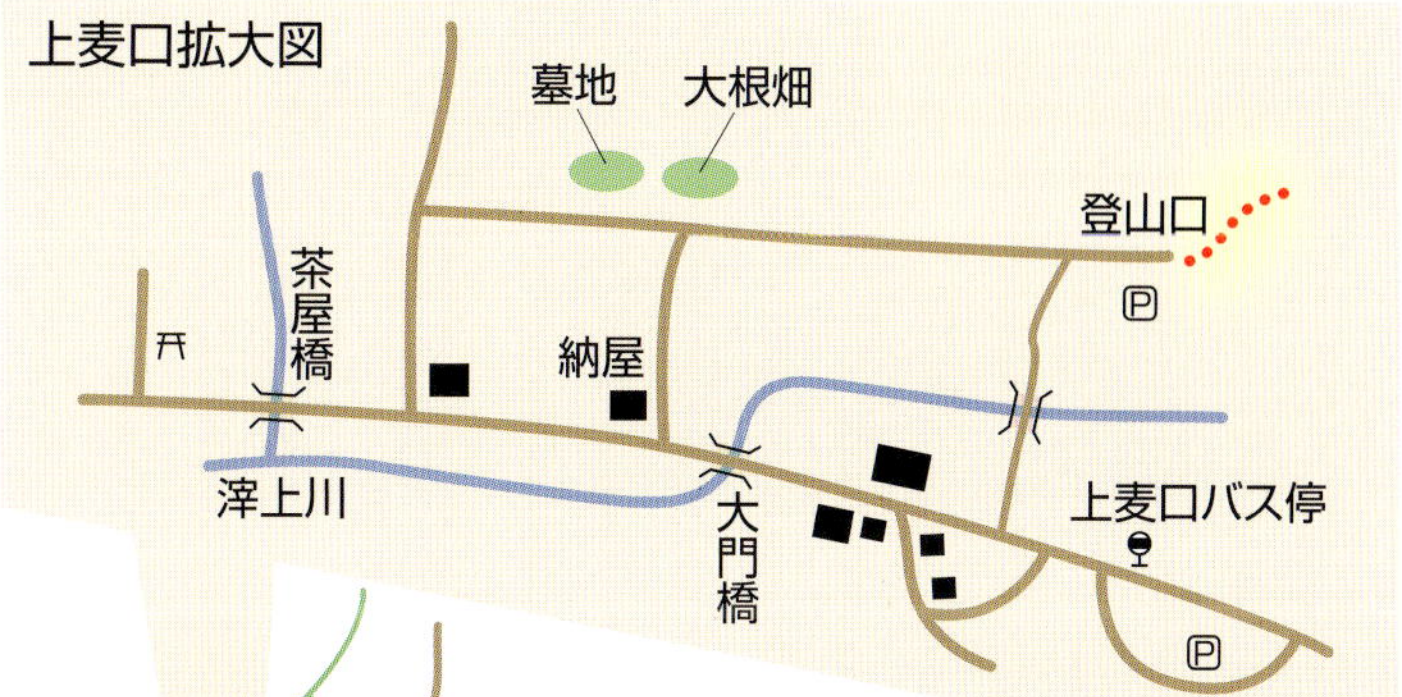

■おすすめの季節

1年中楽しめるが、夏よりも春と秋がおすすめ。特に、いろいろな花が咲く梅雨の合間と紅葉の11月がいい。

■アクセス

金沢市街から加賀産業道路で小松方面へ。軽海西交差点から国道360号で中ノ峠・鳥越村方面へ。上麦口集落に入ったら左手に見える農道に入り、墓地に突き当たったら右折して、登山口のある車止めで駐車。

■アドバイス

粘土質で形成された地面は、樋状になっており、上りは滑りやすいので注意。霊水岩倉清水は時季によって枯れていることがあるので、水場は登山口付近の沢筋のみと考えた方が無難。トイレはないので注意。

■お問い合わせ

小松市役所観光政策課
☎0761-24-8076
●国土地理院地形図
2万5千分の1「別宮」

滓上川沿いを上り口へと向かう

上麦口から望む岩倉観音山

という、悲しい物語が秘められている女性の墓なのだ。

登山口から「侍道」を進む

墓前に手を合わせ、登山口のある上麦口の集落へと向かう。滓上川にかかる朱塗りの茶屋橋を渡ると、左手の山裾《やますそ》へと続く農道が現れる。T字路にぶつかったところで、右手に続く林道をヨメナが咲く登り口へと向かう。

滓上川の枝沢に沿って、杉林の中に「侍道」と呼ばれるよく踏まれた道が続いている。そのゆるやかな登りを少し進むと、左手

晩秋の空気の中、落ち葉を踏みしめ山頂を目指す

登り口にある案内板

仏御前の墓前で手を合わせる

に「おうめ地蔵」が現れる。「江戸時代のこと、女人禁制のこの山に入って、万病に効くと言い伝えられていた岩倉清水の水を汲《く》んで帰り、病《やまい》で困っている村人たちを救ったのが、"うめ" という娘だったのです」と、ガイドブックの注釈に尾鰭《おひれ》をつけて説明していると、「この説明では老婆となってますよ」と立て札を指さす仲間。「えっ」と見ると、たしかに老婆と書いてある。ショックは隠せないが、たとえ老婆でも敬意を表してと、用意してきたミカンを供える。

手摺《す》りつきのちょっと長い上りに入り、上りきって10メートルほど進んだところで、足元に白い花をつけた数株のセンブリを発見。このすぐ上で、里と城跡を結ぶ2本目の侍道が合流すると、道は樋状《といじょう》となり、岩と粘土の滑りやすい登りに入る。そして坂を上り切ると「馬かけ馬場《ばんば》」と呼ばれる尾根道となり、すぐに「見はり台」にさしかかる。

「見はり台」で小休止

コナラ、ナツツバキの林

この山歩きの楽しみは、この先から始まるコナラ、ナツツバキなどの樹林帯にある。その中を緩やかに下って登り返すと、城代・沢米左衛門屋敷跡に出る。静まり返った敷地跡の案内板には「夢はてて夏つばき散る米屋敷」という句も添えられていた。

足元には大粒コナラの実が、そのすぐ先には山柿《がき》も落ちている。山の柿というのは、形に関係なく

城代の沢米左衛門の屋敷跡には、ただ静寂だけが広がる

必ず渋柿なのだが、ためしにとガブリとやった仲間の「甘〜い」の声。「まさか」と言い終わらないうちに、「ウギャーッ、渋〜イィィ」と断《だん》末《まつ》魔《ま》の叫びをあげ、顔をしかめてペッペッと渋を吐《は》き出している。「うがいすれば大丈夫」と清水地蔵が祀《まつ》られている水場に向かうが、水はポタリポタリとスズメの涙ほどしか落ちて来ない。

　仲間が口をすすぐのをあきらめたところで、山腹をぐるりと巻くように登ると、再び水平道になって、右手下に戦に備えて弓矢用の竹が栽培されていた跡が見えてくる。そしてすぐ、杉の古木群に囲まれた岩倉観音堂が現れる。朽ちかけた扉を開くと、随分と古そうな八手観音が祀られている。花山法皇が北陸に来たときに都の岩倉をまねて祀ったらしいとか、あまりはっきりしないようだが、とにかく歴史を感じさせる。

古木の中にひっそりたたずむ岩倉観音堂

岩倉清水はほとんど水が涸れ、わずかに滴が落ちるのみだった

岩倉城址で昼食

岩倉城址《し》はここからほんのひと登り。一向宗徒を中心とした自治組織が、越前の朝倉勢の攻撃に備えて作った出城のひとつで、大手門跡から足を踏み入れると、コナラに囲まれた広々とした本丸跡（山頂）に出る。一帯は二ノ丸、三ノ丸跡も原形をとどめている。

戦国末の連郭式陣城《れんかくしきじんじろ》としては最高水準のものだったのだそうだ。

なにはさておき昼食だ。落ち葉の上で車座になると焼き肉だ。用意してきた栗ご飯を広げ、山談議に花が咲く。

心ゆくまで楽しんだあとは温泉だ。鳥越・金沢方面へ約10分の「バードハミング鳥越」で疲れを癒《い》やしたい。小松方面なら、麓《ふもと》にある仏御前ゆかりの赤穂谷温泉もおすすめだ。この静かな隠れ宿は入浴のみも可（要問い合わせ）。

センブリの花

一向宗徒らの出城だった岩倉城の跡

緩やかな登りの途中にある「おうめ地蔵」

山間の湯で山歩きの疲れを癒やす

おすすめの湯

バードハミング鳥越

「バードハミング鳥越《とりごえ》」は、白山を源流とする手取川と大日川の清流に挟まれ、断崖絶壁が続く景勝地、手取峡谷からすぐのところにある保養施設だ。大浴場「弘法《こうぼう》の湯」でゆったりと湯《ゆ》浴《あ》みを楽しんだり、また、水着着用の「バーデゾーン（別途料金）」で、ジャグジーやサウナ、圧注浴などが楽しめる。

泉質は、神経痛や筋肉痛、皮膚病などに効き目のある硫酸塩泉で、登山やスポーツ後の疲労回復や、温泉浴を楽しみながら心身をリフレッシュさせるのにおすすめだ。

白山市上野町ヤ74
✆076-254-2146
営業時間●平日11時～22時
金・土・日・祝日10時～22時
（プール～21時）
定休日●水曜（祝日の場合は翌日）
料金●中学生以上370円、小学生150円、
3歳以上80円

24 岳《だけ》山《やま》（粟津岳山）

標高 169m

参考コースの所要時間
約1時間55分

北陸最古の温泉・粟津
西に日本海、東に白山北方稜線

樹林の中を
進むのも
気持ちがいい

温泉街を一望

小松市にある粟津温泉は、北陸最古の温泉として知られる。白山を開いた泰澄大師によって718（養老2）年に開かれたと伝えられている。美肌効果があるということでこの地には美人が多いという。そんな温泉街が一望できる山がある。岳山《だけやま》だ。数多い「岳山」と区別するために、「粟津岳山」とも呼ばれているが、地元では「岳山」と呼んでいる。

取り付きは、のとや旅館に隣接する大王寺から、そしてすぐ裏手にある「おっしょべ公園」からの2カ所。今回は泰澄の開基による大《だい》王寺《おうじ》（養老山薬王寺）からスタートしようと、おっしょべ公園の駐車場に車を置かせてもらう。

大王寺へひき返そうと歩きだしたところで、銘菓・べにや菓子舗という小さな和菓子屋さんを発見。「やってるかなあ」と様子をうかがっていると、のとやさんで働く

参考コース

スタート **大王寺** ▶10分▶ **泰澄大師立像** 前▶30分▶ **岳山** ▶2分▶ **階段** 上分岐▶30分▶ **西荒谷町**（車道）▶30分▶あわづ温泉街総湯前▶5分▶ **うまいもの処** よした▶5分▶ **総湯** ▶3分▶ **おっしょべ公園** 駐車場

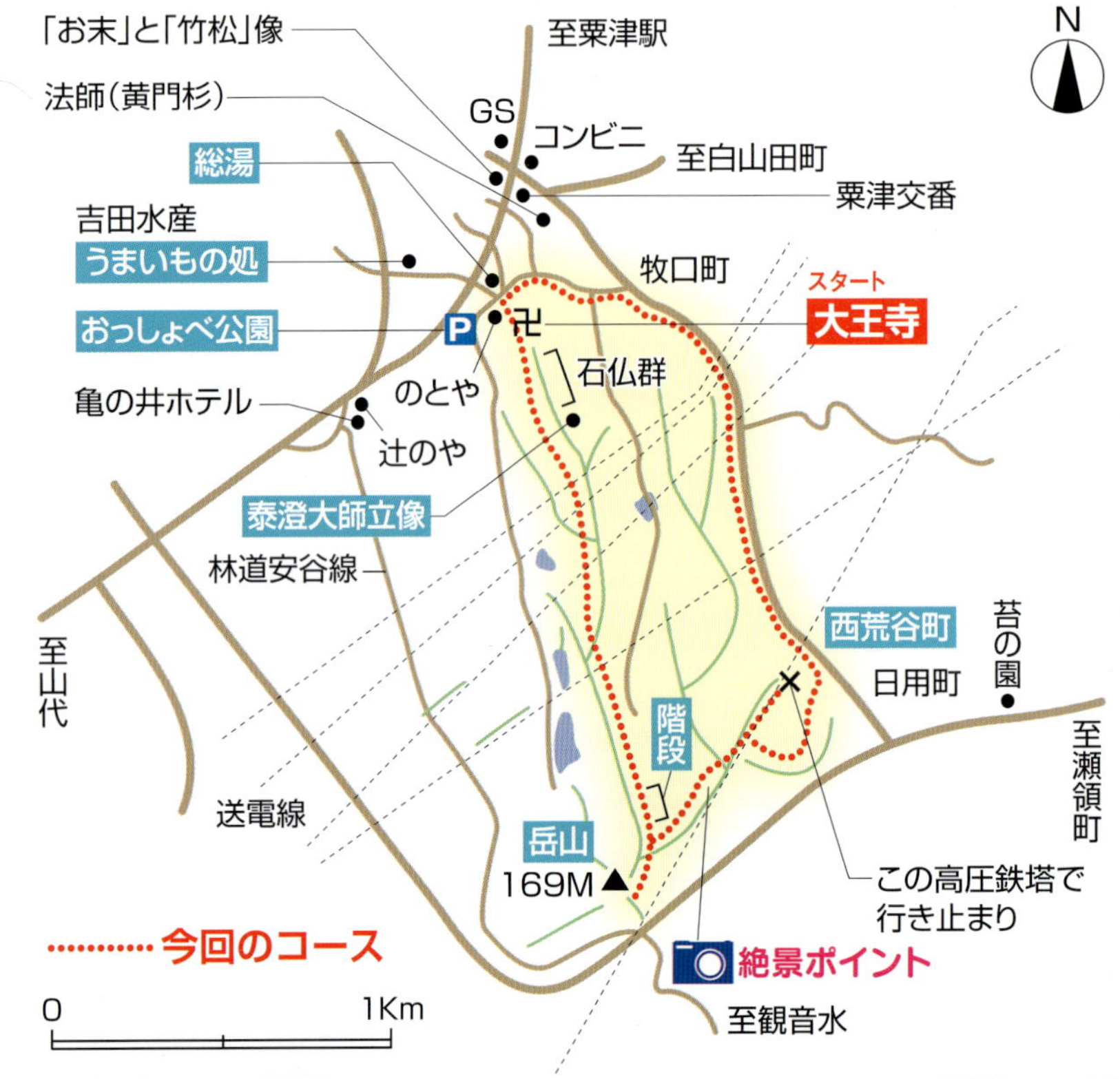

おすすめの季節

天候が良ければ一年中気軽に楽しめるが、道が粘土質なので雨天の翌日は靴が汚れるのを覚悟で。

アクセス

国道8号線（小松バイパス）の粟津IC下車。あわづ温泉・のとや裏手のおっしょべ公園に車を止めて、のとや玄関前から大王寺への階段を上る。

アドバイス

おっしょべ公園入り口に車数台ほど置ける駐車場有り。トイレ、水場は公園の右手。公園内をそのまま歩いて、石仏群をたどれば、大王寺の上で本道と合流することもできる。

お問い合わせ

小松市役所観光政策課
0761-24-8076
●国土地理院地形図
2万5千分の1「動橋」

フキノトウも見つけました

おみくじで今年の山歩きの運勢を占う

登山口にある大王寺の階段

顔見知りがやってきて、「ここの福梅は最高だ」と言いながら「ばあちゃん、まだあるか」と中に入っていく。「売り物はないけど、これ残りものだからあげるよ」と手づくりの和菓子を差し出す。この日最初に出会う粟津美人にお礼を言って、苔《こけ》むした階段へと足を運ぶ。

現在は真言宗の大王寺。山門脇の掲示板には「あわてても、いきつくところはみな同じ」という大本山・金剛峰寺《こんごうぶじ》のポスターが貼られている。

本堂の前におみくじ箱が置

泰澄大師像の前で地元の人との触れ合いも

かれている。1本30円。今年最初の山歩きの運勢はと、加藤美帆さんが代表して1本…末吉と出た。「いきつく所はみな同じですよ」となぐさめて、いかめしい顔つきをした泰澄大師の坐像の前から再び階段を上る。

「祈りの小径」

遊歩道にさしかかると、石仏が顔を見せ始める。西国三十三番の観音菩薩の像で、ここを1周すると、西国の札所を巡ったのと同じ御利益《ごりやく》があるというのだ。遊歩道は「祈りの小径」と名づけられていて、おっしょべ公園からの道が合流すると間もなく泰澄大師の立像の前に出た。おじさんと猫が一服している。仕事をやめて3年目というおじさんは、散歩をねだる愛猫といっしょに、毎日やってくるのだという。あれこれとしばらく話したところで、山歩きの始まりだ。

まず最初の樹林帯に足を踏み入れる。一帯は比較的よく手入れされている。かつては薬草採りが盛んで、麓《ふもと》の人たちの話では、ワラビやゼンマイ、キノコも沢山出るのだそうだ。雪が少なかったこの冬を象徴するようなポカポカ陽気。コナラ、アカガシなどに包まれた広い道を、ゆったりと左へカーブすると、明るく刈り払われた高圧鉄塔の脇に出た。右手下にえん堤に守られた小さな貯水湖が見え隠れし始めると、再び樹林の中に入る。

日本海まで一望

3度目の樹林帯を抜けると、大きく下って山頂への上りに入る。階段にロープが張られている。大王寺の階段に続く、この日2度目の上りだ。階段を上り終えたら、あとはダラダラッと緩やかな坂道を辿《たど》ればすぐに山頂だ。「これで終わりですか」と拍子抜けしたような加藤さんと山岸カメラマン。あずまやがあって、大きな双

雪を戴く白山北方稜線の山々

山頂からの景色。左側には小松ドームが見える

眼鏡が備え付けられている。空は真っ青、見晴らしは最高。柴山潟、小松ドーム、木場潟と南加賀一帯の見慣れたスポットから日本海までが一望できる。ここでちょっとコーヒータイム。べにやさんでいただいた銘菓「満月」は、甘さが抑えられていて、とても上品だった。

山の上は空気が澄んでいて気持ちいい

雪で輝く山々

下山は少し趣を変えようと、階段にさしかかったところで踏み跡を東の尾根へ。西荒谷《にしあらたに》へと続く送電線巡視路を辿ることにする。すぐに広く刈り払われた尾根に

かれんなウメの花

出る。眼下には日用町《ひようまち》から先へと続く広域農道。大倉岳の向こうには、奈良岳、大笠山、笈ケ岳《おいずるがだけ》と、白山の北方稜線の山々が雪を戴いて輝いている。「おおっ」と、この日初めて目を見張る山岸カメラマン。里山ののどかな広がりと好対照の光景に、仲間たちも感嘆の声をあげる。

道は四つ目の高圧鉄塔で行き止まる。ちょっとひき返して、左手の杉の植林地へと下りると、ほんのひと歩きで西荒谷の集落に出た。オオイヌフグリが薄青色の小さな花をつけて迎えてくれる。梅の花もちょうど見ごろだ。

牧口の集落にさしかかる手前の山の斜面から、パイプで引かれた水が落ちている。市の水道が引かれるまで、この一帯は山水が生活用水だった。その名残で、今でも地元の人たちはこの水を汲《く》みにやってくる。脇には赤い帽子と前掛けをつけた小さな地蔵さんが奉られていた。

温泉街に引き返したら、とにかく昼食だ。昭和24年創業の吉田水産が営んでいる「うまいもの処・よした」は、前々から気になっていたところ。ランチタイムの終了時間ぎりぎりに滑り込んだところで、刺身定食、焼き魚定食、海鮮丼と、板前さん泣かせの全員別々メニューを注文。とれたての魚に舌鼓を打ち総湯に向かったら、あいにく休館日。急きょ、ずっと気になっていた今江温泉に直行しました。

山の斜面から生活用水が引かれている

おすすめの湯

今江温泉元湯

地元の総湯が休みだったので、前々から気になっていた今江温泉元湯に向かいました。元々は町の銭湯だったのですが、昭和59年にご主人が敷地内で温泉を掘り当てて「温泉」となりました。ジェット風呂やサウナも備え付けられましたが、下駄箱に履物をいれて番台の前を通って入る昔懐かしい銭湯のスタイルは変わりません。お客さんも大半が地元の方たちで、湯船に浸かると、湯煙の中を小松弁が飛び交います。ナトリウム塩化物泉の湯は、切り傷、やけど、冷え性、筋肉痛などに効能があり、湯上りは体がポカポカします。2階には、「小寄《こよ》り」と呼ばれる小松に残る昔ながらの交流の場があるなど、地元ご用達の心あたたまる「温泉銭湯」です。

小松市今江町7-205　✆0761-21-4126
営業時間●6時～22時
定休日●16日（ただし16日が日曜の場合は営業、17日が休業）、1月1日、8月15日（8月16日は営業）
料金●中学生以上420円、小学生130円、小学生未満50円

25 大聖寺川《だいじょうじがわ》支流《しりゅう》・千東川《せんぞくがわ》

涼味満点の滝や渓流で
泳ぎ、山釣り、そして焚き火

猛暑を忘れて
釜で遊ぶ。
これぞ沢遊びの
醍醐味だ

夏も盛り、沢遊びに出掛けようと知り合いに相談したら「それなら千東川《せんぞくがわ》がいい」となった。千東ケ滝というのがあって、その先の左枝沢の上流には、女郎ケ滝《じょろうがたき》という、いわくがありそうな名前の滝まである。

「よしっ、これだ」と、さっそく山中から真砂《まなご》へと向かう。県民の森との分岐から右に少し進むと、左手から千東林道が合流。ゲートにカギはかかっていないが、襟を正し、ここからは歩くことにする。

沢遊びを満喫

沢遊びのスタイルは、昔は地下《じか》足袋《たび》にワラジと相場は決まっていたが、今は渓流タビ（鮎《あゆ》タビ）、ウエディングシューズ（いずれも靴底にフェルトを張ったもの）が主流。ワラジのように擦《す》り減らないし、濡《ぬ》れた岩場でも滑らないようになっているからだ。

杉木立の中を歩きだしてすぐ、メスのクワガタを見つける。30

■おすすめの季節

梅雨明けの7月末から8月いっぱいは、川遊びも楽しめ、おすすめ。

■アクセス

金沢市街から国道8号を加賀・福井方面へ。黒瀬交差点で左折、国道364号を我谷ダム方面へと向かい、ダムから県民の森へと県道153号をさらに進む。九谷磁器窯跡直前の橋の手前を千束川沿いに進み、左手にゲートが現れたら車を止めて林道を歩く。

■アドバイス

沢歩き中心なので、水切れのよい化繊の衣類を着用し、足回りも鮎タビ、ウエディングシューズなど、濡れた岩などでも滑らないものを用意すること。ザックは必ずインナー（市販のものまたはポリ袋など）を使用して、中に水が入らないように。沢床で滑らないコツは、足の裏に目が付いているかのように、油断せず、注意して歩くこと。沢で事故を起こさない基本は、高巻きを少なくして、水線通しに歩くこと。巻く場合はなるべく小さく巻くこと（水量が多い場合は慎重に）。水場はいたるところにあるが、トイレはない。

■お問い合わせ

加賀市役所観光交流課　☎0761-72-7900

●国土地理院地形図　2万5千分の1「山中」

段差が大きい千束ヶ滝

沢遊びの渓流を目指して林道を行く

沢遊びの基本は泳ぐこと

沢遊びの基本の一つ「ヘズリ」。
岩壁をカニの横ばいのように移動する

いよいよ沢遊びのスタート

分ほど歩くと車止めに出る。そこから先は下草が生い茂っていて、そのすぐ先に古い車止めがある。沢への踏み跡がついていて、辿《たど》るとすぐ、小さな落ち込みだが10畳余りの釜《かま》（プール）を持った沢に出た。釜の中では唐揚げサイズの小さなイワナが群れをなして泳いでいる。

「とにかく泳ぎましょう。沢遊びの基本は泳ぐこと。泳いでる分には、岩から落ちることはありませんから」と言ったところで、みんなの冷ややかな視線に遇う。ここは手本を見せなくてはならない。やせ我慢をしながら釜につかり、泳いで落ち口の岩に取り付く。

続いて、沢遊びの基本「ヘズリ」である。岩壁をカニのヨコバイのように移動するのだが、これも基本は水線通し（水際を通ること）。水中のスタンス（足を乗せる場所）をうまく拾うことで、落ちる危険を少なくするのだ。

泳いだ後は釣りに高巻き

ウオーミングアップをしたところで先へと歩き始める。沢床をジャブジャブと進むと再び釜を持った小さな落ち込みに出る。ここでちょっと山釣り（渓流釣り）入門。安い毛バリ竿《ざお》を取り出して、打ち込み方を教える。もちろん、遊漁料を払っていないので、実際に釣ってはいけない。

広くてうっそうとした樹林に囲まれた巨岩帯を抜けると、そのすぐ先でりっぱな堰堤《えんてい》にぶつかった。引き返すのはもったいないと、ここは高巻き（斜面を回り込む）とする。基本はなるべく小さく巻くことだ。傾斜のきつい左の樹林に取り付き、ひどいヤブをかきわけながら、堰堤の上あたりまで高度を稼いだところで巻く。再び沢に下り立ったところで、大休止とする。沢遊びの良さは水が豊富に得られることだ。コンロで湯を沸かし、カップラーメンで

渓流釣りも楽しみの一つ。ただし遊魚料を支払っておくこと

腹ごしらえをすると再び上流をめざす。

沢遊びの仕上げに焚き火

「千束ケ滝はまだですか」「ええ、まだだいぶ先だと思いますよ」と、少し急ぐ。釜に腰まで漬かり、あるいは小さく巻いて、落ち込みをいくつか乗っ越すと、両岸が狭くなった小滝にさしかかった。泳いで落ち口に取り付いても、ちょっと心配、高巻きをするには傾斜が急、ヘズるにはイヤラシイ。うーん、と考えて、ちょっと私がやってみますからと、左をヘズる。ホールドもスタンスも微妙で、4人のうち2人は確実に滑り落ちそうだ。「時間もちょうどいい

再び上流を目指す

沢遊びの後は焚き火で衣服を乾かす

途中で見つけたクワガタ

小滝に行く手を阻まれ、残念ながら沢遊びはここまで

ころだし、この辺でやめましょうか」とバツ印の合図を送ると、全員ホッとしたように「賛成」の合図が返ってくる。

泳ぎ、ヘズリ、釣り、高巻きとやったところで、最後の仕上げは焚《た》き火《び》だ。煮炊きをするにも、濡れた衣類を乾かすにも、沢での焚き火は欠かせない。ナベをかけ、湯を沸かしながら、火を囲んでいると、ホッとするから不思議だ。

無事に車止めまで戻ったところで、杉の水川に沿って県民の森方面へ足を延ばし、近年、重要伝統的建造物群保存地区に指定された杉水町をたずねる。

女郎ケ滝はもちろん、千束ケ滝にも及ばなかったが、夏はやっぱり沢遊びに限る。

高さが身長の3倍近くもある巨岩にびっくり

おすすめの湯

山中温泉総湯 菊の湯

今から1300年前、高僧・行基《ぎょうぎ》が薬師如来《やくしにょらい》に導かれて開いたとされる山中《やまなか》温泉。以来、地元住民や温泉客は、湯元であり、共同浴場であるこの「総湯」を大切に運営してきた。

それぞれの旅館が趣向を凝らした内湯を持つようになった今日でも、総湯は、山中の歴史と人々のふれあいのシンボルとして大切に守り伝えられている。

総湯は、山中で松尾芭蕉《まつおばしょう》が詠んだ句から「菊の湯」と称されるようになった。

建物は天平《てんぴょう》文化を思わせる純和風の造りで、脱衣所、浴室も広々としており、やや深めの浴槽には無色透明のお湯がこんこんと湧き出ている。大浴場をぐるりと囲むように設置してある洗い場は、開館する朝6時45分には、地元住民や温泉客であふれるほどのにぎわいを見せる。

加賀市山中温泉湯の出町レ11
☎0761-78-4026
営業時間●6時45分～22時30分
定休日●無休
料金●大人420円、中人(小学生)130円、小人50円

あとがき

２００９年7月に、北海道のトムラウシ山でツアー登山のグループ18人中8人が亡くなる大量遭難事故があったことは、記憶に新しいことと思います。亡くなった直接の原因は、寒さに体温を奪われての低体温症でした。トムラウシ山のそばには、ヒサゴ沼という大きな湖があって、その畔のお花畑に立派な避難小屋が建っています。前日雨の中を濡れ鼠になって歩き、その避難小屋で衣類を十分乾かすことなく一夜を過ごした一行は、翌朝、暴風雨の中をトムラウシ山経由で下山しようと歩いていました。ツアー参加者を、「好天になるはず」と出発させた添乗ガイドの初歩的判断ミスが引き起こした、信じられない事故でした。ミスの背景も併せてあれはツアーだから起きた事故、と思う方もいるかと思いますが、避難小屋には別の山岳会パーティーもいました。彼らも続いて出発し、途中でツアー一行を追い抜いて下山していますが、その中の一人は低体温症寸前だったそうです。

低体温症というのは、体内(直腸)温度が35度以下になる症状で、急速に死に至るとても危険な事態です。ツアーパーティーと山岳会パーティーの生死を分けたのは、ひょっとしたら歩くスピードだけだったかもしれません。

日帰り山歩きではそんなことは起こらないかというと、けっしてそうではありません。なんでもない山で道に迷って夜を明かすような事態に遭遇した場合、季節によっては起こりうることです。雪の里山(高度差約３００メートル)に一人でハイキングに出かけた女性が、足跡がついていない雪上歩きの楽しさからちょっとコースをはずしたところ下山する尾根を間違えて凍死したという事故例もあります。この女性は前の週にも所属する山岳会の仲間たちと同じ山に出かけていた方で、行き先を誰にも告げずに向かったのでした。

では山は危険がいっぱいかというと、決してそうではありません。二つの例だけ見ても、濡れた靴や衣類を乾かさなかった、暴風雨の中を出発した、小屋に引き返さなかった、登山計画を出していなかった、コースを間違えた、気づいたところで元に引き返さなかった、単独だった・・・と、山歩きの基本常識に反していただけです。言い換えれば、「単独だった」はちょっと別にして、山という自然を甘く見たり、自然に逆らった結果だと思います。

山で事故を起こさないためには、怖がるのではなく、山にひんぱんに出かけて、山や自然をよく知って対応を怠らないことです。自然相手ですから、１００パーセント安全ということはありませんが、つまらない事故から自分やパーティーを守ることは出来ると思います。

数々の事故例から学びながら、楽しい山歩きを大いに続けましょう。

２０１２年２月

柚本寿二

[著者紹介]

柚本　寿二(ゆもと・ひさじ)

1948年香川県生まれ。全国各地の山を歩き、沢登り、イワナ釣りなどを楽しんでいる。山をフィールドとした遊びの達人。月刊『北國アクタス』で「ほくりく日帰り山歩き」を連載中。小松市在住。

《著書》

「白山に登ろう—全コースと見どころガイド」(北國新聞社)
「白山山系　とっておきの33山」(北國新聞社)
「越前・若狭　魅力の日帰り40山」(北國新聞社)
「ほくりく日帰り山歩き VOL.1、2」(北國新聞社)
「白山山系の渓流釣り」(北國新聞社)

撮影／山岸政仁
協力／アドバンス社
装丁／バルデザイングループ

気分爽快
加賀の25山・25湯
中高年も女子も楽しいコースガイド

発行日　2012年3月10日　第1版第1刷
著　者　柚本　寿二
発　行　北國新聞社
〒920-8588 石川県金沢市南町2番1号
電　　話 076-260-3587(出版局直通)
E-mail　syuppan@hokkoku.co.jp

ISBN978-4-8330-1855-5
© Hokkoku Shimbunsya 2012 , Printed in Japan

●乱丁・落丁本がございましたら、ご面倒ですが小社出版局宛にお送りください。
送料当社負担にてお取り替えいたします。
●本誌記事、写真の無断転載・複製などはかたくお断りいたします。

安全で楽しく山登りしよう。

北國新聞社の山の本

新装版 白山に登ろう
全コースと見どころガイド

柚本 寿二 著

定価2,000円(本体1,905円)

新装版 白山山系
とっておきの33山

柚本 寿二 著

定価2,000円(本体1,905円)

越前・若狭
魅力の日帰り40山

柚本 寿二 著

監修／日本山岳会福井支部

定価2,310円(本体2,200円)

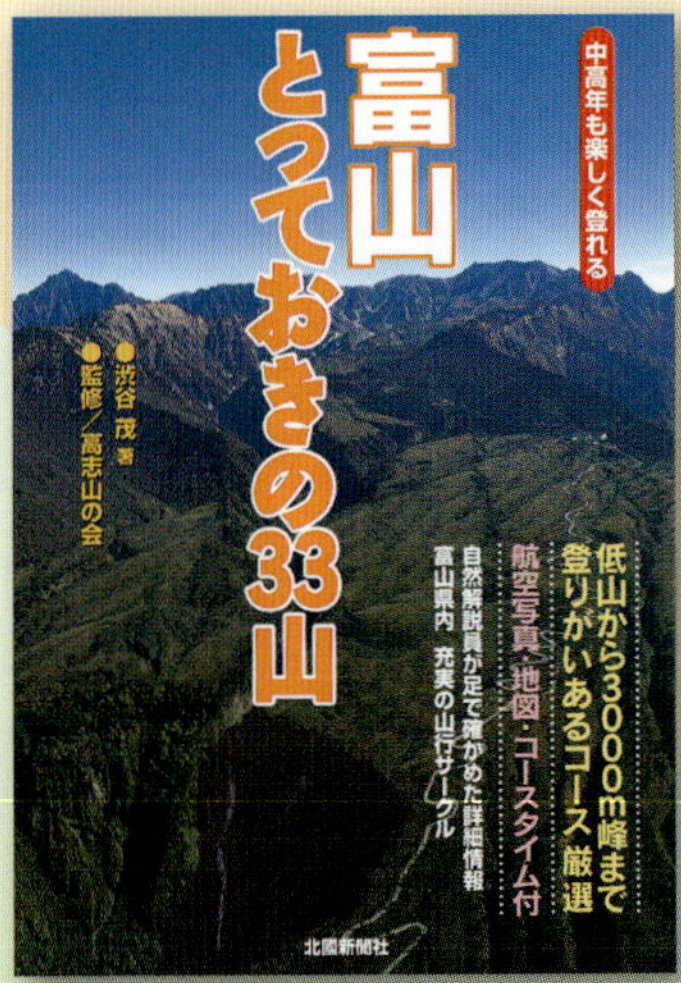

富山
とっておきの33山

渋谷 茂 著

監修／高志山の会

定価2,310円(本体2,200円)